新訂版 留学生のための
論理的な文章の書き方

二通信子 監修・著
佐藤不二子 著

スリーエーネットワーク

Published by 3A Corporation.
Trusty Kojimachi Bldg., 2F, 4, Kojimachi 3-Chome, Chiyoda-ku, Tokyo 102-0083, Japan

ISBN978-4-88319-842-9 C0081

First published 2000
Revised Edition 2003
New Edition 2020
Printed in Japan

この教科書を使う留学生のみなさんへ

　この教科書は、論理的な文章の書き方やレポート作成に必要な知識や技術を学ぶことを目的としています。

　大学で書くレポート・論文は、みなさんが今まで書いてきた日本語の作文や感想文などとどんな点が違うのでしょうか。それは次の点です。

①「である体」というあらたまった文体を用い、感情的な表現ではなく理性的な文体や表現で書くこと

②書く目的の多くが事柄の説明であり、時には論述であること

③説明や論述をするのに、客観的事実を挙げ、論理的な手法で行うこと

④資料を裏付けにした説得力のある文章であること

　では、このような文章が書けるようになるには、どんなことが必要でしょうか。それは、次のことです。

①論理的な思考方法を身につけること

②論理的な文章の展開方法を学び、それを意識して文章の構成を考えること

③説明的な文章をなるべく多く読むこと。そして、読むときには、内容だけでなく文章の構成や論理の組み立て方にも注意すること

④資料の効果的な使い方や出典の示し方を学び、資料を使った文章の作成に慣れること

　この教科書では、以上のことが自然に身につくように、文章例・練習・課題が用意されています。どれも力を抜かずに取り組んでみてください。すべての学習のあとで、みなさんは自分に文章を書く力がついていることに気がつくでしょう。

　この教科書全体を通して、現在の日本で話題になっていることをできるだけ教材に取り入れ、みなさんが楽しく興味をもって学べるようにしました。また第Ⅱ部の後半では、資料の利用や引用についての説明や練習を充実させ、レポート例を挙げてレポート作成のプロセスを具体的に説明しました。この教科書がみなさんの大学での学習やレポート作成の支えになることを願っています。

目　次

第 I 部

基礎編—文章表現の基礎知識
きそへん　ぶんしょうひょうげん　きそちしき

　　第 I 部では、レポート・論文のような論理的な文章を書くために
　　　　　　　　　　　ろんぶん　　ろんりてき　ぶんしょう
必要な文体、文法、句読点や記号の使い方、引用文の書き方などを
　　ぶんぽう　くとうてん　きごう　　　いんようぶん
学びます。留学生が文章を書くときに特に間違いやすい点について、
　　　　　　　　ぶんしょう　　　　　まちが
具体的な例を見ながら練習します。日本語の文章を書くための基本
ぐたいてき　れい　　　　　　　　　　　　　　　ぶんしょう　　　　　きほん
的な知識をしっかり身につけましょう。
てき　ちしき　　　　　み

　日本語を初めて習うときには、丁寧な話し言葉から学習する場合が多い。その文末には「です」や「ます」が来るので、それは「です・ます体」と呼ばれる。作文を書くときにも、まず、この「です・ます体」で書いていく。この文体は、相手に話しかけるような気持ちで書く文章に適している。したがって、手紙には「です・ます体」が多く使われる。

　しかし、大学で書くレポートや論文は自分の気持ちを書くものではなく、事実や意見を客観的に述べるものである。レポートや論文には「です・ます体」ではなく、「である体」と呼ばれる文体が使われる。この課では、レポートの文体として「である体」を学ぼう。

1）「である体」の文

　まず、次のことを考えながら、下のA、Bの文章を読んでみよう。

　　・A、Bの文体は主にどのようなところで違っているか。
　　・文体の違いによって文章の印象はどのように変わるか。

　A

　先生、その後お元気ですか。桜の花はもう散りましたか。私の国には桜はありませんので、去年、研究室のみんなでしたお花見のことをなつかしく思い出しています。

　この会社に入って、もうすぐ1年になります。やっと日本の会社で使う言葉にもなれました。電話を受けるとき、もうドキドキしなくなりました。

　先生は、3年前に卒業したアミさんを覚えていますか。今、彼女はジャカルタにいます。来月会うことになりました。彼女に会ったら、またお便りします。

　　　　　　　　　　　　　　　　　　　　　　　　　　　　　ミリアより

B

> 　政府はこのほどプラットフォーマーに対する規制を厳しくするという。プラットフォーマーというのは、インターネット上で検索やネット通販などのサービスを提供する海外の巨大企業をいう。グーグル、アップル、フェイスブック、アマゾンなどがそれにあたる。利用料は無料のことが多く、かかっても高価ではないため利用者は多い。だが、利用されることによって、プラットフォーマーは利用者の個人情報を手に入れることができ、得たデータを広告などに活かして事業を広げている。規制強化の目的の一つは、こうしたサービスが少数の企業に占められることを防ぐことである。

２）「である体」の文末表現

	現在		過去	
	肯定	否定	肯定	否定
動詞	使う	使わない	使った	使わなかった
イ形容詞	大きい	大きくない	大きかった	大きくなかった
ナ形容詞	複雑である （複雑だ）	複雑ではない	複雑であった （複雑だった）	複雑ではなかった
名詞	事実である （事実だ）	事実ではない	事実であった （事実だった）	事実ではなかった

● 　上の表のように、「である体」といってもすべての文末が「である」になるわけではないので、注意しよう。また、名詞やナ形容詞の場合、レポートや論文では普通体の「～だ」より「～である」の方が客観的な印象を与えるので、「～である」の方を使おう。

● この他に「です・ます体」の次のような文末表現は、「である体」の文章では
右側のようになる。

＜です・ます体＞		＜である体＞
困難なの（ん）です。	→	困難なのである／困難なのだ。
問題なのではありませんか。	→	問題なのではないか。
可能でしょう。	→	可能であろう／可能だろう。
確認しましょう。	→	確認しよう。
実行してください。	→	実行してほしい／実行してもらいたい。

練習1　下線の部分を「である体」の文末に書き換えなさい。

① 発表します。　　　　　　　→　発表＿＿＿＿＿＿＿＿＿＿＿＿。

② 多かったです。　　　　　　→　多＿＿＿＿＿＿＿＿＿＿＿＿。

③ 学生の義務なのです。　　　→　学生の義務＿＿＿＿＿＿＿＿＿。

④ 主張しています。　　　　　→　主張して＿＿＿＿＿＿＿＿＿＿。

⑤ 困難でしょう。　　　　　　→　困難＿＿＿＿＿＿＿＿＿＿＿＿。

⑥ 事実ではありませんでした。→　事実では＿＿＿＿＿＿＿＿＿＿。

⑦ 述べてみましょう。　　　　→　述べて＿＿＿＿＿＿＿＿＿＿＿。

⑧ 原因だと考えられます。　　→　原因だと＿＿＿＿＿＿＿＿＿＿。

⑨ 検討してください。　　　　→　検討して＿＿＿＿＿＿＿＿＿＿。

3）文末表現以外の注意点

　以下のような、話し言葉で使われる接続表現、縮約形、副詞などは「である体」の文章では右のようになる。

＜話し言葉の表現＞ →	＜である体＞
＜接続詞＞	
・だから／なので、利用者が多い。	・したがって／そのため、利用者が多い。
・でも／だけど／なのに、簡単ではない。	・しかし／だが、簡単ではない。
＜接続助詞＞	
・便利だけど、値段が高い。	・便利だが／であるが、値段が高い。
・高いけど、快適である。	・高いが、快適である。
・値段が安いし、品物がいい。	・値段が安く、品物がいい。
＜動詞・形容詞のテ形＞*1	
・調査を行って、その結果を報告する。	・調査を行い、その結果を報告する。
・湿度が高くて、むし暑い。	・湿度が高く、むし暑い。
・人に頼らないで、自分でする。	・人に頼らず（に）自分でする。
・相談しないで決めた。	・相談せず（に）決めた。
・設備が整っていて、使いやすい。	・設備が整っており*2、使いやすい。

*1　中止形（例：行い、高くなど）はテ形に比べて文が切れてしまう印象を与えるので、前後のつながりが強い場合や、一つの文の中に中止形が続いてしまう場合には、中止形にせずテ形が使われることがある。

*2　「～ており」、「～ておらず」は、文中の前後の部分の接続のみに使う。「～ておる。」「～ておらない。」の形はない。

＜縮約形＞	
・問題じゃない。	・問題ではない。
・書かなくちゃならない。	・書かなくてはならない。
・なくなっちゃった。	・なくなってしまった。
・書いといた。	・書いておいた。
・住んでる。	・住んでいる。
＜副詞＞	
・とっても／すごく	・非常に／大変
・あんまり	・あまり
・いっぱい	・多く／数多く
・ちょっと	・少し／多少

練習2 次の文章を読んで、「である体」の文章として適当でない部分に下線を引き、その下に「である体」に合った表現を書きなさい。

新聞、ラジオなどで伝えられるところでは、毎日のように全国のどこかで火災が起き死傷者が出ています。でも、自分は火を使っていないから大丈夫だと思っている人も多いんじゃないでしょうか。例えば、電気ストーブは持ち運びしやすく便利だから、使っている人はいっぱいいると思うけど、灯油や薪などを燃やすストーブと違うから安全だって思ってませんか。

札幌市の2018年11月号の広報誌によると、過去5年間のストーブが原因の火災の中で、電気ストーブによるものは30.7％もあるんです。どうして火災になったかっていうと、夜、電気ストーブのそばに布団を敷いて、ストーブをつけたまま寝ちゃって、寝ている間に布団がストーブについて燃えだした例とか、洗濯物を乾かそうとしてストーブの上に載せて火災になった例が多いっていいます。

これらの火災は次のようなことに気をつければ防げるでしょう。「寝る前に電気ストーブを消すこと」、「電気ストーブの上やそばに燃えやすいものを置かないこと」、そして、「電気ストーブの近くでヘヤースプレーなどを使わないこと」です。気をつけましょう。

4）課題

「である体」を使用し、「私の日本での食生活」という題で300字程度の文章を書いてみよう。

第2課　文の基本
きほん

レポートや論文では、曖昧さのない明快な文を書くようにしなければならない。
ろんぶん　　　あいまい　　　めいかい

この課では、明快な文を書くために必要な四つの項目について学ぶ。
か　　めいかい　ぶん　　　　　　　　　　　　こうもく

❶　自動詞や受身形を使った文
じどうし　うけみけい

❷　助詞「は」と「が」の使い分け
じょし

❸　語や文の名詞化
めいしか

❹　首尾一貫した文
しゅびいっかん

❶　自動詞や受身形を使った文
じどうし　　うけみけい

　ある一つの出来事でも、「Ａ社が新しいロボットを開発した」というような動作主
どうさしゅ

（動作を行うもの。この場合はＡ社）を主語にした言い方と、「新しいロボットがＡ社
どうさ　　　　　　　　　　ばあい

によって開発された」のような物や事柄を主語にした言い方がある。後者のような物
ことがら　　　　　　　　　　　　　　　　　　こうしゃ

や事柄に視点をおいた説明では、自動詞文や受身文がよく使われる。何かについて説
ことがら　してん　　　　　　　　　じどうしぶん　うけみぶん

明をするときには、主語に応じた自動詞、他動詞、受身形などの使い分けが重要にな
おう　じどうし　たどうし　うけみけい　　　　　　　じゅうよう

る。ここでは、説明文における主語と動詞の対応について学ぼう。
せつめいぶん　　　　しゅご　どうし　たいおう

1）「事柄に視点をおいた文」と「動作主に視点をおいた文」
ことがら　してん　　　　　　　　　どうさしゅ　してん

　次の文章の下線部の動詞の主語は何か。主語と動詞の対応に注意しながら読んでみ
ぶんしょう　かせんぶ　どうし　　　　　　　　　　　　　　たいおう

よう。

　新聞によると、人や自転車が通った振動で電気を生み出す「発電床」が話題に
しんどう　　　　　　　　　　　　はつでんゆか

なっている。日本の会社の開発によるもので、ブラジル南部のクリチバ市に試験
なんぶ　　　　　　　し

的に導入され、市役所前の歩道や自転車専用道などに設置された。歩道では、体
てき　どうにゅう　しやくしょまえ　　　じてんしゃせんようどう　　　せっち

重60キロの人の場合、2歩で0.1～0.3ワットの発電が可能で、その電気でLEDの
ひと　ばあい　　　　　　　　　　　　　　かのう

フットライトがつく。環境に優しい発電技術として、現地でも評判になっている
かんきょう　やさ　　　　ぎじゅつ　　　げんち　ひょうばん

ということである。

　この発電装置を開発したのは、日本の「音力発電」という会社で、同社は今後、
はつでんそうち　　　　　　　　　　　　おんりょくはつでん

クリチバ市で製品紹介のセミナーを開くとともに、「部品を輸出して現地工場で
し　せいひんしょうかい　　　　　　　　　ぶひん　ゆしゅつ　げんちこうじょう

発電床を組み立てる準備を進めている」という。
はつでんゆか　く　　　　　じゅんび

この文章の最初の段落では「発電床」が話題として取り上げられ、「発電床」と「フットライト」を主語にして説明が行われているが、次の段落では開発した「会社」の方に視点が移っている。次の「東京タワー」の説明ではどうだろうか。主語と動詞の対応について確かめよう。

例　東京タワーは1958年に建てられ、テレビ放送の電波塔として使われてきた。現在は高さの点ではその後に建設されたスカイツリーに負けるが、東京の観光名所の一つとして今も人気がある。

上の「東京タワー」の二つ目の文のように、日本語では主語を省略することが多い。その場合でも隠れている主語を意識しながら動詞の形（自動詞・他動詞など）を考えなければならない。

2）自動詞と他動詞に代わるもの—受身形と使役形

下の表は自動詞・他動詞の対応を示している。このうち、ｂは自動詞、ｃは他動詞しかない。また、ｄのように自動詞と他動詞が同じ場合があるが、これは例外的である。

		自動詞	他動詞
a	自・他動詞が対応	上がる、決まる、増える、続く、動く・・・（多数）	上げる、決める、増やす、続ける、動かす・・・（多数）
b	自動詞のみ	ある、行く、会う、歩く、上昇する、進歩する・・・	
c	他動詞のみ		行う、作る、読む、買う、計画する、変更する・・・
d	自・他動詞が同形	開く＊、吹く、解決する、完成する・・・	

＊　花が開く／本を開く、風が吹く／楽器を吹く

表のｂ、ｃのように自動詞か他動詞の片方しかない場合は、次の①、②のように動詞の受身形や使役形が自動詞や他動詞のかわりに使われることがある。

① **対応する他動詞がない場合**

自動詞の「行く」「上昇する」「進歩する」などには、対応する他動詞がない。そのため、その動作を引き起こすものを主語にした場合は使役形が使われることがある。

  a．（炭酸ガスの増加により）大気の温度が上昇する。（自動詞文）
  b．炭酸ガスの増加が大気の温度を上昇させる。（使役文）

② **対応する自動詞がない場合**

他動詞の「行う」「計画する」「変更する」などには、対応する自動詞がないので、事柄を主語にした場合は受身形がよく使われる。

  a．学生自治会が講演会を行った。（他動詞文）
  b．（学生自治会により）講演会が行われた。（受身文）

③ **自動詞にも他動詞にも使える動詞**

「解決する」「完成する」などは自動詞・他動詞のどちらにも使える。しかし、こうした動詞はきわめて少ない。

  a．道路が広くなって、交通渋滞の問題が解決した。（自動詞文）
  b．道路を広くして、交通渋滞の問題を解決した。（他動詞文）

練習１ 次の下線部分に動詞の活用部分を過去形で書き、文を完成しなさい。
  ① 京都で地球温暖化防止のための国際会議が開催＿＿＿＿＿＿＿＿＿＿。
  ② 会議には世界各国から代表団が参加＿＿＿＿＿＿＿＿＿＿＿＿＿。
  ③ この会議では温暖化防止のために、各国のCO_2の削減目標を
   決定＿＿＿＿＿＿＿＿＿。

練習２ 次の文章を読んで後の設問に答えなさい。

 2017年12月に北海道函館市で中国人客25人が負傷するバス事故があった。そのとき病院で負傷者と医師らとのコミュニケーションが大きな問題になった。この事故をきっかけに、函館市消防本部は、事故や災害などの場合に外国人の負傷者と救急隊員や医師らとの通訳を担当する「通訳消防団」を発足させた。発足時に韓国人や中国人ら外国人４人を含む市内在住の８人が入団し、英語・ドイツ語・中国語・韓国語の４言語に対応できるという。消防本部は、外国人観光客の素早い救助活動につながることを期待している。

１）「通訳消防団」はどこに設置されたか、正しいものを選び記号に○を付けなさい。

    a　函館市役所　　　　b　函館の救急病院　　　　c　函館警察署　　　　d　函館市消防本部

２）下は「通訳消防団」についての短い説明である。下線部の動詞の形を考えて文章を完成しなさい。

    函館市で、事故や災害に備えて外国人のための「通訳消防団」が発足（　　　　　）。この消防団には外国人も入団（　　　　　）ており、英語・中国語・韓国語などの４言語に対応できるという。救助活動での活躍が期待（　　　　　　）いる。

<ヒント>

   「発足する」・「入団する」は自動詞、「期待する」は他動詞の受身形で書く。

練習３　文中の〈　　〉内の動詞について、正しい方を選び○で囲みなさい。

    現代社会では、ものを生産〈したり・されたり〉消費〈したり・されたり〉することには大変な関心が〈寄せて・寄せられて〉いる。しかし、それらが捨てられたときにどうなるかということには、ほとんど関心が〈もって・もたれて〉いないと言っていいだろう。「生産物は必ずいつかはごみになる」ということを思えば、もう少し、ものを〈作ったり・作られたり〉、ものを〈買ったり・買われたり〉するときに、その品物の行く末を考えるべきではないだろうか。

    生産者の側がそれをよく考えなければならないのはもちろんだが、消費者としてのわたしたちも、もっとこの問題に関心を〈払う・払われる〉必要がある。まずできることは、自分のところから出すごみを少しでも減らすことだろう。ものを〈作ったり・作られたり〉、〈買ったり・買われたり〉、〈使ったり・使われたり〉するときに、それが自分にとって本当に必要なものかどうか、どういう使い方をすればいいのかを考えるようにしたい。

出典：高月紘「本当に必要なものは」光村図書出版『国語１』（1994）より

❷　助詞「は」と「が」の使い分け

日本語の基本的文法を学習したあとにも、「は」と「が」の使い方の誤りは多い。ここでは、留学生が「は」と「が」を取り違えることの多い、二つの問題について、正しい使い方を学ぼう。

1）連体修飾節の主語の「が」

はじめに誤りの例を見てみよう。

＜誤りの例＞

×　①　私は住んでいる町には、大学がない。

×　②　私は、友人は予定時間に来ないとき、怒る。

×　③　子どもは初めて教育を受ける機関は、幼稚園である。

　　　上の文の　　　の部分は連体修飾節*である。連体修飾節の中の主語（上の場合は「私」「友人」「子ども」）は助詞「が」で受ける。①②③の場合は以下のようになる。

　　＊　「連体修飾節」は13ページの＜用語の解説＞を参照のこと。

---

①　私が住んでいる町には、大学がない。

②　私は、友人が予定時間に来ないとき、怒る。

③　子どもが初めて教育を受ける機関は、幼稚園である。

●　ただし、文の主語と連体修飾節の主語が同じときは、連体修飾節の主語は省かれる。次の二つの文を見てみよう。

　　①　父は、私が大学を出たとき、会社を辞めた。

〔文の主語〕〔連体修飾節の主語〕　　　　…文の主語と連体修飾節の主語が違う。

　　②　私は、（私が）大学を出たとき25歳だった。

〔文の主語〕〔連体修飾節の主語〕　　　　…文の主語と連体修飾節の主語が同じ。

　　　　　（省略される）

2）主題を示す「は」

はじめに誤りの例を見てみよう。

＜誤りの例＞

× ① 私の趣味が切手を集めることだ。

× ② この頃の若者が、ＳＮＳで絶えずつながっていないと不安になるそうだ。

①の文は「私の趣味」について、②は「この頃の若者」について述べる文である。この場合、主題となる「私の趣味」「この頃の若者」は「は」で受ける。正しい文は以下のようになる。

---

① 私の趣味は切手を集めることだ。

② この頃の若者は、ＳＮＳで絶えずつながっていないと不安になるそうだ。

● 人、物、事柄を主題として取り上げ、それは「何であるか」、「どうであるか」、「何をするのか」ということを述べるとき、主題になる人、物、事柄は「は」で受ける。また、主題になる人や物の部分の性質や様子などについて述べるときは、人、物を「は」で受け、その部分を「が」で受ける。以下に例を挙げる。

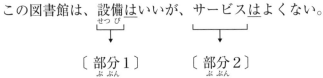

① この図書館は設備がいい。

〔 物 〕 〔 部分 〕

● ただし、二つの部分を対比して述べるときは、「が」ではなく、「は」になる。

② この図書館は、設備はいいが、サービスはよくない。

〔 部分1 〕 〔 部分2 〕

練習　次の（　　）の中に「は」か「が」を入れなさい。

① 父（　　）私（　　）あげたかばんを愛用している。

② 科学技術論文（　　）書き方のルール（　　）明確に規定されている。

③ 正方形（　　）、四つの角（　　）直角で、四つの辺の長さ（　　）等しい。

④ この本の著者（　　）言いたいこと（　　）何であろうか。

⑤ 私（　　）2年間日本で勉強したので、敬語（　　）使えるようになった。

⑥ この薬（　　）副作用（　　）強いから、私は使用しない。

⑦ 私（　　）朝、時間（　　）ないとき、牛乳だけ飲んで出かける。

⑧ 私（　　）この大学を選んだの（　　）、先輩にすすめられたからである。

　　その先輩（　　）今3年生である。

＜用語の解説＞

連体修飾と連体修飾節

　　連体修飾というのは名詞を修飾することである。下の例で▇▇の部分が連体修飾の部分である。この場合は、イ形容詞、ナ形容詞、名詞＋助詞である。

　　例　大きい猫、きれいな花、大学の新聞、経済についての記事

　　連体修飾節というのは、名詞を修飾する部分が文の形になっているものである。例を見よう。下の例では▇▇の部分が連体修飾節である。

　　例　① 母が描いた絵を壁にかけてある。

　　　　② 日本語を教える先生は3人います。

　　　　③ 大学がある町に住んでいます。

　　　　④ 自転車に乗るのは雨が降らない日だけにしている。

❸ 語や文の名詞化

レポートの文章では、事柄や概念などを名詞の形で簡潔に示すことが必要になる。例えば、「地震でどのような被害があったか」ということを「地震の被害状況」とか「地震の被害の実態」などと名詞で示すことによって、「地震の被害状況が明らかになった」、「政府が地震の被害の実態を調べている」など、文中で主語や目的語として組み込みやすくなる。

1）文中での名詞化の効果

下のaとbの文章の内容は同じだが、bの方が簡潔な文章になっている。aとbはどこが違うか、両方の表現を比べてみよう。

a	世界中でプラスチックごみが問題になっているが、日本ではプラスチックごみはどのように集められ捨てられているか、また、政府はプラスチックごみを減らすためにどんなことをしているか調べたい。さらに、日本人はプラスチックごみの増加についてどう思っているのかも知りたい。
b	世界中でプラスチックごみが問題になっているが、日本のプラスチックごみ回収と処理の現状、および政府のプラスチックごみ削減の取り組みについて調べたい。さらに、この問題についての日本人の考え方も知りたい。

次の文章では、「〜こと」という形の名詞節が使われている。例えば、下線部のように「朝食抜きは肥満の原因になる」に「こと」を付けることによって、文中で名詞として組み込まれている。これも名詞化の一種である。下の文章で他の名詞節も探してみよう。

朝食抜きは肥満の原因になることが名古屋大学の研究グループのラットを使った実験で裏付けられたという。研究者らはラットを2グループに分け、一方のグループには通常の朝食時間に餌を与え、もう一方のグループには通常より4時間遅れで餌を与えた。2週間の実験で、後者は体内時計に関わる遺伝子などの働きに4時間の遅れが生じ、その結果として脂肪組織や体重が増加したという。朝食抜きによって体内時計にずれが生じ、活動が活発になる時間帯でも体温が上がらず、エネルギー消費が減ることが体重増加の原因と考えられるという。規則正しく朝食をとることの大切さが改めて示された。

2）動詞・形容詞の名詞化

　動詞や形容詞を名詞に変えるには下のような方法がある。例を見て空欄に合う言葉を書き入れてみよう。なお、すべての動詞や形容詞にこれらの方法が使えるわけではない。

・動詞を漢語の名詞にする

　　例　上がる　→　「上昇」

　　①　人口が減る　→　日本では人口（の）＿＿＿＿＿＿＿＿＿が始まった

　　②　体重が増える　→　朝食抜きは体重（の）＿＿＿＿＿＿＿＿＿を招く

・動詞の辞書形に「～こと」「～の」をつけて名詞にする

　　例　書く　→　「書くこと／の」

　　①　日本語の文章を読む＿＿＿はあまり問題ないが、書く＿＿＿は難しい。

　　②　私は朝早く起きる＿＿＿が苦手なので、いつも授業に遅刻しそうになる。

　　　　＊「～こと」と「～の」の使い方の違いは❸の４）（17ページ）で説明する。

・動詞の「マス形」の語幹部分を名詞として使う

　　例　遅れます　→　「遅れ」

　　①　朝食を抜くこと　　　　　→　朝食抜＿＿＿は体に悪い。

　　②　体内時計がずれること　→　体内時計にず＿＿＿が生じる。

・イ形容詞・ナ形容詞の語幹に「さ」をつける

　　例　［イ形容詞］明るいこと　　　　→　　　「明るさ」

　　　　［ナ形容詞］じょうぶなこと　→　　　「じょうぶさ」

　　①　東京の冬の寒＿＿＿にはがまんできるが、夏の暑＿＿＿には耐えられない。

　　②　この店は品物が豊富なことと安いことで人気がある。

　　　　→この店は品物の豊富＿＿＿と安＿＿＿で人気がある。

3）文の名詞化

次のa～cの文の下線部は文の名詞化の例である。b、cの方がより簡潔な表現になっている。b、cの「入院」「病名」「復帰」の前の助詞が変わっていることにも注意しよう。

① 首相が入院した。それを今朝のニュースで知った。
　a．<u>首相が入院したこと</u>を、今朝のニュースで知った。
　b．<u>首相の入院</u>を今朝のニュースで知った。

② 首相はどんな病気なのか。まだ公表されていない。
　a．<u>首相がどんな病気なのか</u>、まだ公表されていない。
　b．<u>首相の病名</u>はまだ公表されていない。

③ 首相は今年中に職務に復帰できるだろうか。今の時点では分からない。
　a．<u>首相が今年中に職務に復帰できるかどうか</u>、今の時点では分からない。
　b．<u>首相の今年中の職務復帰の可能性</u>は、今の時点では分からない。
　c．<u>首相の今年中の職務への復帰</u>については、今の時点では分からない。

＜名詞化と助詞＞

上の③のaとb、cとでは下線部分の助詞が違っている。例えば、bでは「首相の今年中の職務復帰の<u>可能性</u>」というように、「可能性」という名詞の前はすべて「の」が使われている。名詞化したときは、その前の助詞にも注意しなければならない。下に例を示す。

① 友だちと旅行すること　→　<u>友だちとの旅行</u>を計画している。
② 外国から輸入すること　→　<u>外国からの輸入</u>が増えている。
③ 大学院へ進むこと　→　<u>大学院への進学</u>を希望している。
④ 大学に要望すること　→　<u>大学への*要望</u>について話し合った。

　　　　　　　　　　　　　　　　＊　「～にの」とは言えない。

⑤ 日本で就職すること　→　<u>日本での就職</u>は難しそうだ。

4）「こと」と「の」の用法の違い

① 「こと」は抽象的なことを示すのに適しており、「の」は具体的な動作や出来事を表すのに適している。「の」の方が話し言葉に多いが、使用には個人差もある。

　　例・憲法で男女が平等の権利を持つこと（△の）が認められた。

　　　・冬にあの山に登るの（△こと）は危険だ。

② 主題（「私の趣味」）に対応する述語の部分では「の」は使えない。

　　例・私の趣味は音楽を聴くこと（×の）である。

③ 「見える」「聞こえる」「感じる」などの知覚を表す動詞が後ろにつく場合は、「こと」は使えない。

　　例・子どもたちが大勢で歌っているの（×こと）が聞こえる。

　　　・工場からの排水が海に流れ込んでいるの（×こと）が見える。

④ 強調構文（語順を変えて強調した文）の場合は、「こと」は使えない。

　　例・私は昨日彼に会った。　→　私が彼に会ったの（×こと）は、昨日です。

練習1　次の①～③の各組の文を、指示にしたがって一つの文にまとめなさい。

　　① A社の経営が悪化していた。そのことを多くの社員は知らなかった。

　　　a.「こと」を使って

　　　（　　　　　　　　　　　　　　　　　　　　　　　　　）

　　　b.「悪化」を名詞として使って

　　　（　　　　　　　　　　　　　　　　　　　　　　　　　）

　　② 円高により輸出が減った。それがA社の倒産の原因である。

　　　a.「こと」を使って

　　　（　　　　　　　　　　　　　　　　　　　　　　　　　）

　　　b.「減少」という名詞を使って（「より」の形も変えること）

　　　（　　　　　　　　　　　　　　　　　　　　　　　　　）

　　③ A社の負債がどのくらいあるのか。現在調査中である。

　　　a. 前の文をそのまま使って

　　　（　　　　　　　　　　　　　　　　　　　　　　　　　）

　　　b.「負債額」という名詞を使って

　　　（　　　　　　　　　　　　　　　　　　　　　　　　　）

練習2 下線部と同じ意味の名詞を下から選び、左側と同じ意味になるように書き換えなさい。なお、ナ形容詞が名詞を修飾するときには、活用語尾が「〜な」に変わる。

例　周囲の環境が<u>悪くなること</u>　　　（　周囲の環境の悪化　）
　　人口が大幅に<u>増えること</u>　　　　（　人口の大幅な増加　）

① 事業を大規模に<u>広げること</u>　　　（　　　　　　　　　）

② 食堂のメニューが<u>よくなること</u>　（　　　　　　　　　）

③ 大学から合格を<u>知らせること</u>　　（　　　　　　　　　）

④ 自宅へ荷物を<u>送ること</u>　　　　　（　　　　　　　　　）

　　　　　［　通知、　推進、　拡大、　発送、　進化、　改善、　上昇、　転送　］

練習3 次の①〜⑤の上下の文が同じ意味になるように、下のa〜jから1語ずつ選び（　）に記号で答えなさい。

① この調査がいつごろ行われたのか、示されていない。
　　→この調査が行われた（　　）が示されていない。

② だれがこの論文を書いたのか、分からない。
　　→この論文の（　　）が分からない。

③ なぜそのように判断したのか、説明してください。
　　→そのように判断した（　　）を説明してください。

④ どのようにこの問題を解くのか教えてほしい。
　　→この問題の（　　）を教えてほしい。

⑤ この資料をどこから持ってきたか、示されていない。
　　→この資料の（　　）が示されていない。

　　　　　［　a　結果　　b　出典　　c　原因　　d　場所　　e　根拠
　　　　　　f　時期　　g　対象者　h　筆者　　i　疑問　　j　解き方　］

❹ 首尾一貫した文
しゅび いっかん

　首尾一貫した文とは、文の始めと終わり、つまり、主部と述部が正しく対応してい
しゅび いっかん　　　　　　　　　　　　　　　　　　　　　　　しゅぶ　じゅぶ　　　　たいおう
る文である。文章全体も首尾一貫していなければならないが、それにはまず、個々の
　　　　　　　ぶんしょうぜんたい　しゅびいっかん　　　　　　　　　　　　　　　　　　　ここ
文が首尾一貫している必要がある。ここでは、文の始めと終わりが対応した明快な文
　　しゅびいっかん　　　　　　　　　　　　　　　　　　　　　　　　　　　たいおう　　　めいかい
の書き方を学ぼう。

1）主部と述部の対応
しゅぶ　じゅぶ　たいおう

＜誤りの例-1＞　（下線部は主部、二重下線部は述部を示している）
あやま　　　　　　　かせんぶ　しゅぶ　にじゅうかせんぶ　じゅぶ

× 　① 　<u>自転車通学のよいところは、</u><u>経済的である</u>。
　　　　　　　　　　　　　　　　　　けいざいてき

× 　② 　<u>この食堂の好きな点は、</u><u>ご飯のおかわりができる</u>。
　　　　　　　　　　　す

× 　③ 　<u>この説明書の問題点は、</u><u>外来語が多くて分かりにくい</u>。
　　　　　せつめいしょ　　　　　　　　　　　　　　はん

× 　④ 　<u>日本に来て一番困ったことは、</u><u>言葉が困った</u>。
　　　　　　　　　　こま

　　上の例は、留学生の文に多く見られる誤りである。①〜④のように「よいところ」
　　　　　　　　　　　　　　　　　　　　あやま
「好きな点」「問題点」「困ったこと」は「何か」ということを述べるときには、述部
　す　　　　　　　　　　こま　　　　　　　　　　　　　　　　　　　の　　　　　　じゅぶ
は「名詞」または「名詞化」したものでなければならない。①〜③の場合は、❸語や
　　めいし　　　　　　めいしか　　　　　　　　　　　　　　　　　ばあい
文の名詞化で学習したように「ことである」をつけ、④は「言葉」という名詞のみ
を使い、以下のようになる。

---

　　① 　自転車通学のよいところは、経済的であることである。
　　　　　　　　　　　　　　　　　けいざいてき
　　　　　　　　　　　　　　　　　経済的なことである。

　　② 　この食堂の好きな点は、ご飯のおかわりができることである。
　　　　　　　　す　　てん

　　③ 　この説明書の問題点は、外来語が多くて分かりにくいことである。
　　　　　せつめいしょ

　　④ 　日本に来て一番困ったことは、言葉だった。
　　　　　　　　　こま

＜誤りの例-2＞

× ⑤ <u>私の考えは</u>、このような規則はよくないと思う。

　上の文は、「私の考え」と、述部の動詞「思う」が対応しない。正しく対応する文は以下のどちらかになる。

---

⑤ 私の考えでは、このような規則はよくない。

　私は、このような規則はよくないと思う。

● 大学のレポートや論述試験などでは、「Xの問題点は何か」、「XとYの相違点は何か」などについて書くことが多い。その際、下の例文の下線部のように、述部を名詞の形にすることを忘れないようにしよう。

　例・診療所と病院の相違点の一つは、<u>患者を収容できるベッド数</u>である。診療所はベッドの数が19以下であり、病院は20以上である。

　・診療所と病院の相違点の一つは、<u>患者を収容できるベッドの数が違うことであ</u><u>る</u>。診療所のベッド数は19以下であり、病院は20以上である。

● 名詞化の部分が長くて複雑な場合は、「ことである」のかわりに「ということである」とすると、述部のまとまりが分かりやすくなる。

　例・日本人が中国語を習うときに注意しなければならないことは、<u>同じ漢字の語で</u><u>もその意味が違うものがあるということである</u>。

練習1　次の文に適当な述部をつけて完成しなさい。

　　a．SNS（ソーシャル・ネットワーキング・サービス）を利用するときに気を

　　　つけなければならないことは、＿＿＿＿＿＿＿＿＿＿＿＿＿＿＿＿＿

　　　＿＿＿＿＿＿＿＿＿＿＿＿＿＿＿＿＿＿＿＿＿＿＿＿＿＿＿＿＿＿

　　b．日本語学校の授業と大学の授業と違うところは、＿＿＿＿＿＿＿＿＿＿

　　　＿＿＿＿＿＿＿＿＿＿＿＿＿＿＿＿＿＿＿＿＿＿＿＿＿＿＿＿＿＿

　　c．私と父（または、母、姉、兄、妹、弟など）の共通点は、＿＿＿＿＿＿

　　　＿＿＿＿＿＿＿＿＿＿＿＿＿＿＿＿＿＿＿＿＿＿＿＿＿＿＿＿＿＿

2）一つの文に一つの内容

<誤りの例>

× ⑥ スーパーは何も言わなくても買い物ができて、隣の肉屋はできないから、私は行かない。

この文の筆者が言いたいことは二つある。一つは、「スーパーでは何も言わなくても買い物ができるが、隣の肉屋は何か言わなければ買い物ができない」ということで、もう一つは「何か言わなければならないので、肉屋には行かない」ということである。この文は次のように二つに分けると、意味が明快になる。

---

⑥ スーパーは何も言わなくても買い物ができるが、隣の肉屋は何か言わなければ買い物ができない。それで、私は隣の肉屋には行かない。

● 一つの文には原則として一つの内容を入れることにしよう。たくさんの内容を入れて長い文にすると、何を言いたいのか読み手に分からない文になる。長い文が上手な文というわけではない。大切なことは、分かりやすい文を書くことである。

練習2　次の文を首尾一貫した文にするには、どこで切り、どのように直せばよいだろうか。下に直した文を書きなさい。

① 今朝、混んだバスにバックパックを背負った人が乗って来たら、後ろにいる人が迷惑しているのに、スマホをずっと操作していたから、バックパックは前で抱えたほうがいい。

_____

_____

② 私は高校を卒業してから会社に入って、経理の仕事をしていたが、その後日本語を勉強して通訳になりたいと思ったから日本に留学して、私の学部は文化学部である。

_____

_____

第3課　句読点の使い方
（くとうてん）

　「句読点」は、日本語の文章に使われる基本的な記号で、「句点」と「読点」の二つがある。「句読点」の他に「中黒」もよく使われている。この課では、「句読点」および「中黒」の使い方を学ぶ。

1）日本語の句読点の使い分け

　日本語の文章では句読点がどのように使われているだろうか。下の文章例の句読点や中黒を探し、どんなところで使われているか確かめよう。

　　日本政府観光局（JNTO）によると、日本を訪れる外国人は年々増加しており、2018年には3119万2千人に上った。これは統計を開始した1964年以来の最高記録だったという。国・地域別では、中国・韓国・台湾・香港など東アジアからの訪日客が7割以上を占めている。一方、同年の日本人出国数は1895万4千人で、訪日客数の6割程度にとどまっている。

---

① **句点**（。）　文の終わりにつける。
（くてん）（まる）

② **読点**（、）　文の途中に打つ。文の構造を明らかにし、意味を分かりやすくす
（とうてん）（てん）　　る働きがある。

③ **中黒**（・）　語を列挙するとき、また外来語や外国人名の区切りを示すときに
（なかぐろ）　　　使う。中点とも呼ばれる。

　　　　　　　　例・論文は序論・本論・結論の三つの部分から構成される。
　　　　　　　　　（ろんぶん）（じょろん）（ほんろん）（けつろん）（ぶぶん）（こうせい）
　　　　　　　　　・トップ・アスリートとは、最高水準の運動選手のことである。
　　　　　　　　　　　　　　　　　　　　　（さいこうすいじゅん）（せんしゅ）
　　　　　　　　　・小泉八雲とは、ラフカディオ・ハーンの日本名である。
　　　　　　　　　　（こいずみやくも）

2）句点の打ち方

　日本語では文の終わりは、次に挙げたような形になる。

（名詞）	それは　事実だ。／事実ではない。／事実だった。／事実らしい。
（イ形容詞）	そのケーキは　おいしい。／おいしくない。／おいしかった。
（ナ形容詞）	ホテルは　きれいだ。／きれいではない。／きれいだった。
（動詞）	旅行に　行く。／行かない。／行った。／行きたい。

● 「それは事実だ、私は実際に現場で見た。」のように前後の文の関係が強い場合でも、原則として「、」でつなぐことはできない。

● ただし、次のような場合は「、」でつなぐことができる。

・動詞や形容詞を列挙して最後に「など」を付ける場合

　例・日本では魚を刺身にする、煮る、焼く、油で揚げる、発酵させる**など**いろいろな方法で食べる。（＝刺身にしたり、煮たり、焼いたり、油で揚げたり、発酵させたりして食べる。）

　・あのアパートは家賃が安いが、建物が古い、駅から遠い、近くに店がない**など**の理由で人気がない。

練習1　次の各文は「、」ではつなぐことができない。下のヒントを参考にして文に修正点を書き込みなさい。直し方はいろいろあるので、クラスメートと比べてみよう。

　　①　友だちが日本に来た、いっしょに旅行をした、とても楽しかった。

　　②　この大学の図書館は広い、24時間使える学習室がある、司書の人が親切だ、図書館をできるだけ使うようにしている。

　　③　家の近くの商店街でバーゲンセールが始まった、前からほしかったスニーカーが３割引になった、旅行に行ったばかりだ、お金が足りない、スニーカーはあきらめた。

```
＜ヒント＞
・「、」の前の動詞をテ形などに変えたり、接続助詞（「が」「ので」など）を付けたりして一つの文にする。
・「。」を付けて文を分ける。必要なら、「。」で分けた後に、接続詞（「それに」「それで」など）をつけて前の文との関係を示す。
・「～も～」のように助詞の「も」を使って、前の文とのつながりを示す。
```

3）読点の打ち方

　文の意味を正しく伝えるために、読点（「、」）を効果的に使う必要がある。日本語の読点には厳密なルールはないが、次のような場合には読点を使おう。

①　「しかし」「また」などの接続表現のあと

　　例・資料をいろいろ探した。しかし、私がほしかった資料は見つからなかった。
　　　・ところで、日本の政府はこの問題に対しどのような対応を行ったか。

②　文の前半と後半の切れ目を示す

　　例・日本学生支援機構によると、2018年5月1日現在の留学生数は298,980人である。
　　　・日本に来たのは初めてだが、中国にいたときに日本の映画やテレビ番組をよく見ていたので、初めてのような感じがしなかった。
　　　・会議で話し合った結果、各国のCO_2の削減目標が決まった。

③　事柄を列挙するとき

　　例・この短期留学コースには、語学学習のほか、週末の観光旅行、博物館の見学、日本人学生との交流などが含まれている。

④　文中の言葉のつながりが分かりにくいとき

　　例・トラックが故障して止まっている乗用車に衝突した。（故障したのはどちらか。）
　　　　→トラックが故障して、止まっている乗用車に衝突した。
　　　　→トラックが、故障して止まっている乗用車に衝突した。

　　例・あの選手はオリンピックではなばなしい活躍をした。（どこで切れるのか。）
　　　　→あの選手はオリンピックで、はなばなしい活躍をした。
　　　　→あの選手はオリンピックで華々しい活躍をした。
　　　　　（漢字によって語のまとまりを示すこともできる）

⑤　文に挿入句（意味を補うために文の途中に入れる言葉）を入れるとき

　　例・この動物は、私がこれまで調べた限りでは、日本には生息していないようである。

● 理工系の本や論文では「、」と「。」ではなく「，」（カンマ）や「．」（ピリオド）が使われる。それ以外でも横書きの文章で「，」や「．」が使われることがある。

練習2　次の各文の1カ所に「、」を付けて、（　　　）の指示通りの意味にしなさい。

① （母親が楽しそうに見ているという意味）

→母親は楽しそうに踊っている子どもたちを見ていた。

② （パーティーの最中に暗殺されたという意味）

→私はパーティーの最中に大統領が暗殺されたというニュースを聞いた。

③ （私も雨にぬれながら応援している）

→私は雨にぬれながら目の前を走るマラソン選手たちに声援を送った。

練習3　下の文章は三つの文に分けられる。文中に適切な句読点や中黒を書き込んで、文章を完成しなさい。

日本では2018年10月現在約146万人の外国人労働者が働いているという外国人労働者は工場や農村だけではなくサービス業や福祉の分野でも貴重な労働力となっているしかし外国人労働者の多くは就労医療教育住宅などの面で様々な困難に直面している。

データの出典：厚生労働省「「外国人雇用状況」の届出状況まとめ（平成30年10月末現在）」

<https://www.mhlw.go.jp/stf/newpage_03337.html>（参照2019年7月1日）

第4課　句読点以外の記号の使い方

この課では、句読点以外の各種の記号の使い方について学ぶ。まず、下の文章で、句読点以外にどのような記号が使われているか見てみよう。

　夜寝る前に長時間パソコンを使っていて、眠れなくなったという経験はないだろうか。それはパソコンから出る「ブルーライト」の影響かもしれない。ブルーライトとは、波長が380〜495ナノメートル（ナノは10億分の1）の青い光のことで、ＬＥＤ照明やパソコン、テレビ、スマートフォンなどに使われている。ブルーライトを浴びると、メラトニンという睡眠に関係するホルモンが抑えられるため眠りにくくなるという。

1）日本語の文章で使われる記号

①「　」 かぎかっこ

引用を示す。また、ある言葉を目立たせたいときや、あまり使われていない特別の言葉を示すときなどに使う。

例・「外国人にも選挙権を与えるべきだ」という発言があった。

　　・大きさが5mm以下の細かいプラスチックの破片を「マイクロプラスチック」と呼ぶ。

②『　』 二重かぎかっこ

本の題や雑誌名などを示すとき、また「　」の中にさらに「　」が必要なときに使う。

例・村上春樹の『アンダーグラウンド』という本を読んだ。

　　・内閣府は『日本21世紀ビジョン』の中で「世界中の人が訪れたい、働きたい、住んでみたいと思う『壁のない国』を目指す」と述べている。

③（　） かっこ

言葉を言い換えたり、短く説明を加えたりするときに使う。

例・世界保健機関（ＷＨＯ）の専門家会議が、新しい基準を示した。

　　・サッカーの試合は現地時間の6日午後1時（日本時間7日午前4時）から行われる。

④ 〜 波ダッシュ

「から」と読み、「10日〜15日」のように範囲を示す。

例・国会の選挙制度については、この本の25〜27ページに詳しい説明がある。

⑤ ― ダッシュ

語句について説明を加えるときに使う。

例・最近、電子端末―パソコン・スマホ・タブレットなど―による読書が広がってきている。

⑥ …… リーダー

長い文章の引用で、一部分を省略するときに使う。

例・日本国憲法では「信教の自由は、何人に対してもこれを保障する。……何人も、宗教上の行為、祝典、儀式又は行事に参加することを強制されない」と定められている。

2）その他の記号

→ 「矢印」（順序、因果関係などを示す）

＊ 「星印、アステリスク」（注などを示す）

／ 「斜線、スラッシュ」（語の区切りを示す）

〈 〉 「山かっこ」（言葉を目立たせるときに使う）

「？」（疑問符、クエスチョン・マーク）」や「！」（感嘆符）は、レポートや論文では用いない。

参考 レポート用紙や原稿用紙の書き方

　レポートは、レポート用紙に手書きで書くか、パソコンで打ち込むことが多い。ただ、奨学金の申請やスピーチ原稿などで、字数を指定されて原稿用紙に書く場合もある。ここではレポート用紙や原稿用紙の使い方について簡単に示す。なお、レポートの題や章の見出しの書き方などについては、第Ⅱ部第11課のレポート例を参照のこと。

＜レポート用紙＞

段落の始めは1文字空ける	10以上の数字は半角で書く

　夜寝る前に長時間パソコンを使っていて、眠れなくなったという経験はないだろうか。それはパソコンから出る「ブルーライト」の影響かもしれない。ブルーライトとは、波長が380〜495ナノメートル（ナノは10億分の1）の青い光のことで、ＬＥＤ照明やパソコン、テレビ、スマートフォンなどに使われている。

＜原稿用紙＞

段落の始めは1文字空ける

句読点、記号は1文字分

		夜	寝	る	前	に	長	時	間	パ	ソ	コ	ン	を	使	っ	て	い	て	、	眠
れ	な	く	な	っ	た	こ	と	は	な	い	だ	ろ	う	か	。	そ	れ	は	パ	ソ
コ	ン	か	ら	出	る	「	ブ	ル	ー	ラ	イ	ト	」	の	影	響	か	も	し	れ

10以上の数字や英文の小文字は2つで1文字分

ブ	ル	ー	ラ	イ	ト	と	は	、	波	長	が	38	0	～	49	5	ナ	ノ	メ	ー
ト	ル	（	ナ	ノ	は	10	億	分	の	1	）	の	青	い	光	の	こ	と	で	、
L	E	D	照	明	や	ス	マ	ー	ト	フ	ォ	ン	等	に	使	わ	れ	て	い	る。

英語などの大文字は1文字分

行の終わりでは句読点も一緒に入れる

練習 原稿用紙の使い方の説明に従って、次の文章を下の原稿用紙に書き入れなさい。

「発電床」の上を体重60キロの人が歩くと、2歩で0.1～0.3ワットの発電が可能だという。その電気でLEDのフットライトをつけて足もとを照らすことができる。

原稿用紙

第5課　引用文
いんようぶん

　人の言葉や文章を、自分の話や文章の中に引いて示すことを引用という。ここでは
基本的な引用文の書き方について理解しよう。レポートや論文における引用について
は、第Ⅱ部の第10課でくわしく学ぶ。

＜文章例＞
ぶんしょうれい

> 　日本語のクラスで、学生が教室の外で聞いた日本語がときどき話題になる。あ
> る留学生から、コンビニでおにぎりを買うと店員がいつも「‥‥‥ますか」と
> 聞くが、あれは何を言っているのかという疑問が出た。それはたぶん「温めます
> か」だろう。店員はおにぎりを買った客には、店の電子レンジでおにぎりを温め
> るかどうか聞く。質問した学生には「次にお店でそう聞かれたら、『はい、お願
> いします』と答えてみたら」と伝えた。

1）引用文の書き方
いんようぶん

基本的な引用文：　　（だれ）　が　（発言内容）　と＊　（言語活動を表す動詞）。
きほんてき　いんようぶん　　　　　　　　　　　　はつげんないよう　　　　　　げんごかつどう　あらわ　どうし

　　　　　　　　　　　　　　　　　　　　　引用を示す助詞
　　　　　　　　　　　　　　　　　　　　　　　　　じょし

　＊　話し言葉では、例のように引用の「と」のかわりに「って」が使われることが多い。

　　　　例：ここにサインが必要だって書いてある。

＜直接引用＞
ちょくせついんよう
・人の言葉をそのまま伝えるときは「　　」に入れて示す。→例①a、②a
つた
・人の発言や文章を長く引用するときは、独立した段落で示す。→例③
ぶんしょう　　　　　　　　　　　　どくりつ　だんらく

＜間接引用＞
かんせついんよう
・人の言葉の内容だけを伝えるときは、「　　」を使わず、自分の言葉で言い換え
ないよう　　つた　　　　　　　　　　　　　　　　　　　　　　　　　いか
たり要約したりして示す。→例①b、②b
ようやく

① と＋動詞（言う、話す、聞く、質問する、答える、書く、述べる…）
どうし
a．コンビニで「おにぎりを温めますか」と聞かれたので、「お願いします」と答
あたた　　　　　　　　　　　　　　ねが
えた。
b．筆者はこの本の中でゲーム中毒の子どもが増えていると警告している。
ひっしゃ　　　　　　　　　　ちゅうどく　　　ふ　　　　けいこく

② **と＋いう＋名詞**（言葉、発言、質問、答え、回答、話、要望、文、…）

 a．日本には「所変われば品変わる」という言葉がある。「品」はもともと品物や品質のことだが、ここでは場所や地域が違うと文化・習慣なども異なるという意味になる。

 b．来週のゼミは休講だというメールを受け取った。

③ **長い部分の引用**

> 戦争でマラリアに罹ったある兵士は、マラリアの発作の恐ろしさを次のように描写している。
>
> ガクンと体が揺れたと同時に、強烈な悪寒が全身を襲った。ガクガクと手足は震え、歯の根はガチガチと鳴った。奥歯をかみしめてもウウーッとうめき声が漏れた。寒い、寒い。手足の関節がバラバラになりそうに悲鳴を上げている。

出典：佐藤徳造（2012）『越え来し山』私家版

練習 あなたが家族、友人、教師などから言われた言葉、またはあなたがだれかに言った言葉で心に残っているものがありますか。それを下の例のように引用文の形で紹介し、そのときの自分の気持ちについても書きなさい。引用文の形は、直接引用または間接引用のどちらでもよい。

  例 父は私が将来のことで迷っていたときに、「どんなことでもいいから自分のできる仕事を一つ選び、それをやり続ければいい」と励ましてくれた。「どんなことでもいい」という言葉で、私は気持ちがとても楽になった。

_____

_____

_____

第 Ⅱ 部

実践編—論理的文章の作成
じっせんへん　　ろんりてきぶんしょう　　さくせい

　　第Ⅱ部の第1課～第8課では、目的に応じた論理的な文章の構造
　　　　　　　　　　　　　　　　もくてき　おう　　ろんりてき　ぶんしょう　こうぞう
や表現を学びます。各課の文章例や使われている表現を参考にして、
　ひょうげん　　　　　　かくか　ぶんしょうれい　　　　　　　　　ひょうげん　さんこう
作文課題に取り組みましょう。また、第9課～第11課ではレポート
さくぶんかだい　と　く
での資料の使い方、引用のしかた、レポート作成の手順などを学び
　　しりょう　　　　　いんよう　　　　　　　　　　　さくせい　てじゅん
ます。第11課にはレポート例も載せてあります。第Ⅱ部全体を通
　　　　　　　　　　　　　　の　　　　　　　　　　　　ぜんたい
して、論理的な文章の書き方やレポートを書くために必要な知識を
　　　　　　　　　　　　　　　　　　　　　　　　　　ちしき
学びましょう。

第1課　段落
だんらく

I　課の目的

　論理的な文章では、段落ごとの内容にまとまりがあり、かつ段落どうしが論理的に
つながっていなければならない。この課ではレポートの文章の基本になる段落内の構
成や文章全体の構成について学ぼう。

II　文章例①「ボランティア休暇制度」―段落内の構造
きゅうかせいど　　　　　　だんらくない　こうぞう

1．読む前に

　段落とは、「ある一つの内容を表すための、文章の論理的な単位」である。レポー
トを書くときは、その段落で何を述べるのかを常に意識しながら全体を組み立ててい
こう。なお、小説や随筆などの文学的な文章は、文章のリズムや読みやすさも考慮し
てより細かく文章を分けており、論理的な文章の段落とは異なる。
　ここではまず1段落の短い文章を例に、段落内の文のつながりを見てみよう。
だんらくない

2．本文

　（ア）企業や官庁などでボランティア休暇制度が広がってきている。（イ）ボラ
ンティア休暇制度とは、企業が社員のボランティア活動を支援するために設ける
もので、社員がボランティア活動を行う場合に一定期間の休暇を認めるという制
度である。（ウ）休暇の期間は時間単位のものから、年間20日間程度の長期間に
及ぶものまで、企業によってかなり幅がある。（エ）国も1997年1月より、国家
公務員を対象としたボランティア休暇制度を発足させた。（オ）企業の社会貢献
の一つとして、今後もこうした制度を取り入れる企業が増えることが予想される。

3．段落内の構造
だんらくない　こうぞう

　以下は段落の基本的な構造を示したものである。それぞれの文は次のような役割を
持つ。

```
        ┌     ［中心文］    段落の内容を短く表す文
        │
        │                  その段落で何を伝えたいのかを段落の始めに示す。
        │
        │            ［支持文］    中心文を支える文
   段   │
        │                  中心文で示したことを詳しく説明したり根拠を示したりする。
   落   │
        │           ［まとめ文］   段落の内容をまとめる文
        │
        │                  段落が長い場合に、一度短くまとめてから次に進む。
        │
        │          ［関係指示文］  段落間の関係を示す文
        │
        │                  前後の段落の関係を示し、文章の展開を分かりやすくする。
        │
        └                  例「次に、今回の事故の原因について考えたい。」
```

4．理解問題

1）本文の（ア）～（オ）の文がa～cのどれにあたるか、（　　　）に文の記号を書きなさい。

　　a．中心文（　　　）　　　　b．支持文（　　　　）　　　　c．まとめ文（　　　）

2）下は、本文の次の段落の文をバラバラに並べたものである。中心文を段落の始め
　　に置くようにして文の順序を番号で（　　　）に書き入れなさい。

　　（　　　）こちらの場合は、休みの期間は半年から2年間というところが多い。

　　（　　　）ボランティア休暇の規模をさらに大きくしたものとして、ボランティア
　　　　　　　休業（休職）制度がある。

　　（　　　）また、期間中の給与の支払いについては企業によって異なり、全額支給
　　　　　　　から無給までと幅広い。

　　（　　　）なお、日本で初めてこの制度を採用したのは富士ゼロックス社で、長期
　　　　　　　ボランティアを行う社員に2年間の休職を認め、給与及びボーナスを援
　　　　　　　助金として支給したという。

Ⅲ　文章例②「ある日本語ボランティアの活動から」―文章の構造

1．読む前に

　段落内の構造と同じように、文章全体もそれぞれの段落が論理的につながっていな
ければならない。ここでは文章の段落がどのように分けられているか、また段落どう
しがどのような関係になっているか見てみよう。以下の文章例では、文章の右側に各段
落の役割を示す。まずは文章を読んで内容を理解したあとで、各段落の役割を確認しよう。

2. 本文

各段落の役割

a. 地域の中でボランティア活動に参加する人が増えている。ここでは一人の市民ボランティアを例に、ボランティア活動を継続させる秘訣について考えてみたい。

→文章の目的

b. Sさんは、もう10年以上も外国人に日本語を教えるボランティアを続けている。Sさんがこの活動をするようになったきっかけは教員時代に勤務先の小学校で、中国からの帰国者の子どもに出会ったことだった。その生徒に日本語を教えることを通して、日本語教育に関心をもった。そして退職後、ボランティアで日本語を教え始めた。それから現在までいろいろな外国人に日本語を教えてきたという。

→話題の人物の説明

c. Sさんは、ボランティア活動を長く続けることができた要因として、次の二つのことを挙げている。

→本論の導入

d. その一つは、自分自身の仕事や生活とボランティア活動とのバランスをきちんととることである。Sさんは1週間のうちの3日を「自分のための日」、残りの4日を「ボランティア活動の日」と決め、できるだけそのペースを守るようにしている。「自分のための日」には家庭教師の仕事や日本語教育についての勉強に時間を使う。一方、「ボランティア活動の日」は朝から夜まで精力的に活動する。そのようにしてうまく自分の生活のリズムを作っているという。

→本論の内容
（一つ目）

e. もう一つは、できるだけお金をかけないということである。教える場所には、市の教育文化会館や区民センターなどの公共施設*1のロビーを使い、交通機関には札幌市からの「敬老パス*2」を利用している。現在、1週間に9人、多いときは1日4か所を回って教えているが、会場費や交通費はできるだけかからないように工夫しているという。

→本論の内容
（二つ目）

f. 上の二つのことは、ボランティアの活動を続けていく場合に重要なことであろう。Sさんの例は、自分のできる範囲を見極め、自分の生活にうまく組み入れて、無理のない方法で行っていくことが、ボランティア活動を継続させる秘訣であることを示している。

→まとめ

出典：二通信子・大井裕子・喜多村喜美江『街が私たちの教室』

*1　公共施設：国や地方自治体などが、一般の人々のために作った建物や設備。

*2　敬老パス：高齢者のための公営交通（地下鉄、バスなど）の無料乗車証のこと。
　　　　　　　現在は利用者が料金の一部を払う制度になっている。

3．理解問題

1）本文のb、d、eの各段落の中心文に下線を引きなさい。

2）この文章の主題（中心的なテーマ）は何か、短い言葉で書きなさい。

4．文章全体の構造と内容の論理的なつながり

　本文は下の表のように導入・本論・まとめの三つの部分に分けることがきる。論理的な文章では、文章の目的と各段落の役割を常に意識して、前後の内容がきちんとつながるように書かなければならない。指示語や接続表現などを使って前後の関係を示すことも有効である。下の表で、全体の構成と各段落のつながりについて見てみよう。

文章構造	段落	段落の役割	文章の内容のつながり
導入	a	文章の目的	「**活動を継続させる秘訣**について考えてみたい。」
	b	話題の人物の説明	「Sさんは、**10年以上も~ボランティアを続けて**いる。」
本論	c	本論の導入	「Sさんは、**長く続けることができた要因として**二つのことを挙げている。」
	d	本論の内容	「**その一つは、~。**」
	e		「**もう一つは、~。**」
まとめ	f	まとめ	「上の二つのことは、~。Sさんの例は、~が、**ボランティア活動を継続させる秘訣**であることを示している。」

　この課で見てきたように、論理的な文章には以下の三つが重要である。

　①　文章全体の主題が明確で、一貫していること。

　②　段落内および文章全体が論理的な構造になっていること。

　③　指示語や接続表現などを効果的に使って、読み手に文章の論理的なつながりが分かるように書かれていること。

練習 次の文章は、インターネット開発者の一人が開発当時から現在までを振り返って書いたものである。なお、a～eの5段落のうち、b～eは順序を変えてある。この文章について後の三つの設問に答えなさい。

---

a. 私がインターネットにかかわり始めた1980年代、究極の目標は、地球上の全てのコンピューターがつながることだった。それは、予想よりずっと早く実現した。

b. 東日本大震災などの被災地支援で証明されたように、ネットは人助けにも使える。これからは金銭を得る目的以外での活用に、より注目が集まるだろう。遠隔医療などの分野でのスマホ活用も進むと思う。

c. ただ、便利になったということは、それだけ悪用されやすい側面を持つ。匿名でデマや中傷を書き込んだり、詐欺などの犯罪に使われたりする危険があるし、プライバシーをどう守るかという問題もある。

d. 研究者の間だけでなく、ビジネスで使われるようになり、普通の人が使う流れが生まれた。遠く離れた人たちが同時にやりとりでき、誰もが簡単に情報に触れ、自分の意見を発信できるようになった。平成の30年間で、ネットはグローバルな社会基盤に発展したといえるだろう。

e. 結局、使うのは人間だ。ネットがどんな仕組みで構築されているかを皆が理解する必要がある。最近、学会では「次の30年間に必要なのは何か？」と聞かれることが多い。私は、その答えは「倫理観」だと思う。

出典：村井純「30年で社会基盤に」読売新聞2019年1月4日朝刊より抜粋

1）a～eの段落はそれぞれどのような内容を述べているか、ア～オから合うものを選び、〔　〕に記号を書きなさい。

a〔　〕　　ア．インターネット活用の可能性

b〔　〕　　イ．これまでの発展状況

c〔　〕　　ウ．活用に必要な理念

d〔　〕　　エ．開発の初期の目標

e〔　〕　　オ．活用のリスク

2）段落の順序を考え（　　）に段落の記号を書きなさい。

（ a ）→（　　）→（　　）→（　　）→（　　）

3）上の2）でどんなことを手がかりにして段落の順序を考えたか、クラスで話し合おう。

Ⅳ　課題 ✏

あなた自身とインターネットの関わりについて、次のことを複数の段落で書きなさい。字数は全体で300字〜400字とする。

・インターネットができなくなったら一番困ること

・その理由

・インターネットを利用するにあたって気をつけていること

I　課の目的

　仕組みとはある目的で作られたものの構造や働きのことである。ここではある装置
しく　　　　　　　　もくてき　　　　　　　　　　　こうぞう　はたら　　　　　　　　　　そうち
や組織がどのように作られていてどんな働きをしているのかを説明する文章を読む。
そしき　　　　　　　　　　　　　　　　　　　はたら
私たちは普段の生活の中でものや事柄の仕組みについての説明を読む機会は多いが、
ふだん　　　　　　　　ことがら　　　　　　　　　　　　　　きかい
そうした説明の中には分かりにくいものもある。ここでは読み手の立場に立った分か
たちば
りやすい仕組みの説明のしかたについて学ぼう。

II　文章例①「聴覚障害者に振動、色で音楽―サウンドハグ」
ちょうかくしょうがいしゃ　しんどう

1．読む前に

　以下は、聴覚障害者が音楽を楽しめるように作られたある装置（デバイス）につい
ちょうかくしょうがいしゃ　　　　　　　　　　　　　　　　　そうち
ての説明である。この装置はコンサートで実際に使われた。どのような仕組みで耳の
そうち　　　　　　　じっさい　　　　　　　　　　しく　　みみ
不自由な人に音やリズムを伝えるのか、読んでみよう。
ふじゆう　　　　　　　　つた

2．本文

　聴覚に障害を持つ人にも音楽を楽しんでもら
ちょうかく　しょうがい
おうと、ハードロック・ジャパン（本社・東京
とうきょう
都）は、さっぽろ雪まつり期間中に、振動や色
と　　　　　　　　　　　　　きかんちゅう　　しんどう
で音楽を感じる技術「サウンドハグ（SOUND
ぎじゅつ
HUG）」を導入したコンサートを開いた。
どうにゅう
　「サウンドハグ」には、マイクからの音をコンピューターで解析して振動や色
かいせき　　　しんどう
に変換する仕組みが使われている。球体型のデバイスを抱えると、楽器の音を振
へんかん　　しく　　　　　　　　　きゅうたいがた　　　　　　　かか　　　　がっき
動や色を通して感じることができる。これは、筑波大学准教授の落合陽一氏が代
つくばだいがくじゅんきょうじゅ　おちあいよういちし　だい
表を務めるピクシーダストテクノロジーズ株式会社が開発したもので、光の強さ
ひょう　つと　　　　　　　　　　　　　　かぶしきがいしゃ　　　　　　　　ひかり
と振動が音の大きさを、色が音の高さを表現しているという。
しんどう　　　　　　　　　　　　　　　ひょうげん
　6歳の時に聴力を失ったという男性は、コンサート会場を訪れるのは初めてで、
さい　　　ちょうりょく　うしな　　　　　　だんせい　　　　　　　　　　おとず　　　　はじ
これまではテレビを見ながら音楽を想像することしかできなかったが、「今日はまっ
たく違った。音楽は気持ちが明るくなるもの。もっとコンサートに行ってみたい」
ちが
と話した。

出典：毎日新聞　2019年2月13日朝刊（北海道面）「聴覚障害者に振動、色で音楽―札幌でコンサート」
より一部改変。写真提供：毎日新聞社

<サウンドハグの仕組み>

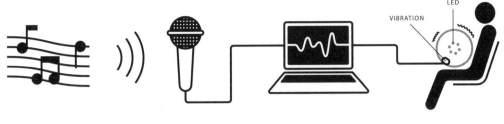

LIVE MUSIC   MIC   COMPUTER   SOUND HUG

提供：ピクシーダストテクノロジーズ株式会社（代表　落合陽一）

3．理解問題

1）「サウンドハグ」では音の高低をどんな色で表すのだろうか。自由に想像して
（　　）に色の名前を書き入れてみよう。

低い音（　　　　　）　　中間の高さの音（　　　　　）　　高い音（　　　　　）

2）「サウンドハグ」では音楽をどのように伝えるのか、その説明に必要だと思う言
葉（キーワード）を文章から四〜五つ挙げなさい。

［　　　　　　　・　　　　　・　　　　　・　　　　　・　　　　　］

3）上のキーワードを使って、サウンドハグが音楽を伝える仕組みについて簡単に説
明しなさい。サウンドハグを知らない友だちに説明するつもりで書いてみよう。

_____

_____

_____

4．仕組みの説明のしかた

　本文の第2段落に注目してみよう。この段落では仕組みを説明しているが、下に示すように、はじめに基本的な原理を述べ、そのうえで説明を加えている。このように、まず中心的な内容を述べてからいくつかの文に分けて説明すると読み手にも理解しやすい。

> ①「サウンドハグ」には、マイクからの音をコンピューターで解析して振動や色に変換する仕組みが使われている。→〈装置の原理〉
> ②球体型のデバイスを抱えると、楽器の音を振動や色を通して感じることができる。
> 　→〈実際の働き方〉
> ③これは、……株式会社が開発したもので、光の強さと振動が音の大きさを、色が音の高さを表現しているという。→〈開発者〉、〈説明の追加〉

Ⅲ　文章例②「外国人の市政参加—川崎市外国人市民代表者会議」

1．読む前に

　2018年末現在、日本国内の在留外国人は約273万人で、日本に住む人の約50人に1人は外国人という状況になっている。しかし、国際化が急速に進む一方で、外国人の市民としての権利は依然として限られている。次の文章は神奈川県川崎市の外国人の政治参加の試みを紹介したものである。外国人の声を市政に反映させるための仕組みや活動内容について読みとろう。

2．本文

　　川崎市の外国人市民代表者会議（以下、代表者会議）は、1996年に市の条例で設置された。日本で初めて外国人の地方政治参加への道を開いたものとして全国から注目された。代表者会議はその後20年以上にわたり、多くの外国人市民の協力のもとに活動を続けてきている。ここでは、川崎市のホームページに掲載されている資料をもとに、この代表者会議の仕組みや活動内容について説明する。

　　代表者会議の目的は、外国人市民の意見を行政や議会に直接反映させることである。代表者会議の結果は市長に報告され、市長はそれを議会に報告することが定められている。代表の定員は26人で、任期は2年間である。代表の条件は川崎市に1年以上在住する18歳以上の外国人となっている。会議は日本語で行われるが、必要な場合は通訳を連れていくことができる。代表の募集は公募によって行われ、応募者の選考は外国人市民施策に詳しい識者による委員会で行われる。26人の代表の国別内訳は、市内の外国人登録者数に応じて決められる。2018年度からの第12期代表者会議では、中国、韓国、ロシアをはじめ22の国・地域から代表が出ている。

　　代表者会議のニューズレターによると、発足からの20年間に教育、情報、住宅、福祉、国際交流、市政参加、防災などに関する46の提言を行ったという。2017年度は市長に対し以下の3点について提言した。

　　1）外国人市民向けオリエンテーション
　　2）災害時における多文化共生と外国人支援
　　3）保育の利用申請

　　これらの提言は市長により市議会で報告され、さらに代表者会議の議長らが市議会の委員会に参考人として招かれ、代表者会議の提言や活動内容について説明した。現状では提言が必ず市政に反映されるという保証はないが、継続的な提言や意見によって外国人市民の声が市政に着実に反映されていくことを期待したい。

3．理解問題

1）次の各文が本文の内容に合う場合は○を、合わない場合は×をつけなさい。

（　　）代表者会議は提言を市長に提出する。

（　　）代表者会議は市の外国人施策について決定する権利を持つ。

（　　）代表者は外国人市民の選挙によって選出される。

（　　）代表者は日本語で討議ができる人でなければならない。

2）川崎市外国人市民代表者会議について発表するためのレジュメを書いてみよう。

　　　レジュメとは発表や講演などの内容を簡潔にまとめて書いたものである。下線部分に内容を短い言葉で書き、[　　　]には適切な言葉を入れてレジュメを完成しなさい。

川崎市外国人市民代表者会議の仕組み

1．設置の目的　＿＿＿＿＿＿＿＿＿＿＿＿＿＿＿＿＿＿＿＿＿＿＿＿

2．市政への反映方法　＿＿＿＿＿＿＿＿＿＿＿＿＿＿＿＿＿＿＿＿

3．代表者会議の進め方

　　使用言語　[　　　　　]

4．代表者の条件

　　＿＿＿＿＿＿＿＿＿＿＿＿＿＿＿＿＿＿＿＿＿＿＿＿＿＿＿

5．代表者の[　　　　　]　　26人

6．代表者の[　　　　　]　　2年間

7．代表者の[　　　　　]　　応募者の中から識者による委員会で選ぶ

3）作成したレジュメを使って、代表者会議の仕組みについてクラスメートに説明してみよう。

Ⅳ 仕組みの説明に使われる文型・表現

1. 文の主題を示す

~は　　~。

・代表者会議は1996年に設置された。

~には　　~。

・「サウンドハグ」には、マイクからの音を振動や色に変換する仕組みが使われている。

＊「~に」「~で」などの助詞がついた語も、「は」をつけて主題化できる。

2. 仕組みや規定などを説明する

~は　　~ている。

・光の強さと振動は音の大きさを表している。
・代表の条件は川崎市に1年以上在住する18歳以上の外国人となっている。

~は　~れる／られる。

・代表の募集は公募により行われる。

3. 働きを説明する

~と、　~。

・発電床の上を人が歩くと、振動で電気が発生する。
・デバイスを抱えると、楽器の音を振動や色を通して感じることができる。

V　課題 ✎

　表1は日本の国会の仕組みを表している。表2にあなたの国の国会（または国会に相当するもの）の定員、任期、選挙権*1などについて書き入れ、それをもとにあなたの国の国会について説明する文章を書きなさい。字数は300字程度とする。

表1
日本の国会
[二院制*2]

	衆議院	参議院
定員	465人	248人
任期	4年（任期中の解散あり）	6年（任期中の解散なし）
選挙権	18歳以上	18歳以上
被選挙権	25歳以上	30歳以上

＊1　選挙権…選挙をする権利、被選挙権は選挙で議員に選ばれる権利

＊2　二院制…国会が二つの議院で構成される制度、一院制は議院が一つだけ

表2
自国の国会
[（　　）院制]

定員		
任期		
選挙権		
被選挙権		

第3課　歴史的な経過
れきしてき　けいか

Ⅰ　課の目的

　ある組織や事柄の歴史的な経過を分かりやすく説明するためには、まず、取り上げ
そしき　ことがら　れきしてき　けいか　　　　　　　　　　　　　　　　　　　　　　と　あ
る対象の概要を述べて、読み手の「それは何か、どんなものか」という疑問を解いた
たいしょう　がいよう　の　　　　　　　　　　　　　　　　　　　　　　　　ぎもん　と
あとに、始まりから時の流れに沿って経過を書いていく。そして、対象が現存する場
はじ　　　　　　　　なが　そ　けいか　　　　　　　　　　　たいしょう　げんそん　ば
合は、現在の状況の評価や、今後の課題などを述べてまとめる。この課では、歴史的
あい　げんざい　じょうきょう　ひょうか　　こんご　かだい　　　　の　　　　　　　　れきしてき
経過を述べる文章の書き方を学ぼう。
けいか　の　ぶんしょう

Ⅱ　文章例「さっぽろ雪まつりの70年」

1. 読む前に

　以下は、さっぽろ雪まつりの歴史を書いた文章である。全体は6段落から成る。そ
れきし　　　　　　　　　ぶんしょう　　　　　ぜんたい　　だんらく　な
れぞれの段落は、どのような内容でまとめられているか注意して読もう。
ないよう

2. 本文

　　　　　　　　　　　　さっぽろ雪まつりは、札幌市
　　　　　　　　　　　　　　　　　　　　　　　さっぽろし
で毎年2月の初めに8日間にわ
　　　　　　　はじ
たって開催される冬のまつりで
　　　かいさい
ある。このまつりの呼び物は、
　　　　　　　　　　　よ
三つの会場に作られる200近い
大小の雪や氷の像である。雪像
　　　　こおり　ぞう　　せつぞう
といっても、人や動物をかたどっ
たものだけでなく、世界の有名

な建造物の模造もあり、例えば、2019年はフィンランドのヘルシンキ大聖堂が
けんぞうぶつ　もぞう　　たと　　　　　　　　　　　　　　　　　　　　　だいせいどう
制作された。期間中、大雪像の下のステージでは様々なショーが催される。各会
せいさく　　きかんちゅう　だいせつぞう　　　　　　　　　さまざま　　もよお　　かくかい
場は、札幌市民をはじめ、国内外からの観光客など250万人を超える人々でにぎ
じょう　さっぽろしみん　　　　　こくないがい　　かんこうきゃく　　　　　　　こ
わう。主催は札幌市および市の教育委員会、商工会議所、一般社団法人札幌観光
しゅさい　　し　　　きょういくいいんかい　しょうこうかいぎしょ　いっぱんしゃだんほうじんさっぽろかんこう
協会などであるが、運営には、主催団体、企業、市民の代表などからなるさっぽ
きょうかい　　　　　　　うんえい　　しゅさいだんたい　きぎょう　　　だいひょう
ろ雪まつり実行委員会があたっている。
じっこういいんかい
　さっぽろ雪まつりは、1950年に始まった。日本の敗戦から5年目である。食糧
　　　　　　　　　　　　　　　　　　　　　　　　はいせん　　　　　　　しょくりょう

をはじめ生活物資が不足し、日本中の人々の生活が苦しい時代だった。雪まつりは、次のことを目指して計画された。第一が市民のレクリエーション、第二が観光資源の創造、そして第三が不況対策であった。この時の雪像は6基で、市内の中学、高校生により市の中心部にある大通公園に作られた。1日だけのまつりであった。

1955年になって、陸上自衛隊が雪中訓練をかねて雪像作りに参加するようになり、高さ10メートルもある大雪像が制作されるようになった。さらに1965年に自衛隊の真駒内駐屯地の一部が会場として使用されることになり、大雪像にすべり台が設置されたため、親子連れでにぎわった。2005年にこの会場が閉鎖されたあと、2009年からは第二会場が札幌コミュニティードーム（愛称つどーむ）の敷地内に設けられ、大人も子どもも楽しめる雪の遊び場として人気を集めるようになった。

このように市民の人気行事となった雪まつりが世界に知られるようになったのは、1972年に札幌で開催された冬季オリンピックからである。この時作られた高さ25メートルの、雪まつり史上最大の雪像がテレビ中継により世界の注目を集めたのである。また、これがきっかけとなり、1974年から国際雪像コンクールも行われるようになった。初めは6チームで始まったこのコンクールにも、2019年第70回の雪まつりでは8カ国9チームが参加している。

一方、市民も様々なかたちでこのまつりに関わっている。雪像づくりについては、1965年に大通公園に市民のための広場ができ、家族、友人が自由に雪像づくりを楽しむようになった。1987年からは大雪像づくりにも参加できるようになっている。また、ボランティアとして雪像づくりをはじめ、観光案内や体の不自由な人の介助に、1500人を超える市民が期間中活躍している。

敗戦後の暗いムードからの立ち直りと経済効果を期待して始まったさっぽろ雪まつりは、70回を迎えた2019年、観光客が延べ273万7000人に達し、過去最多となった。北海道では今、各地で特色ある雪や氷のまつりが行われるようになった。長い冬の中で、それも一番寒さの厳しい2月という時季に、市民にとっては「やっかいもの」の雪を利用して華やかに仕立てたさっぽろ雪まつりは、市民のレクリエーションになっただけでなく、その経済効果でも、他の地域の人々に冬を前向きに活かす力を与えたことは間違いない。

3．理解問題

1）本文の第1段落に書かれている事柄は、現在のさっぽろ雪まつりの概要である。この概要に書かれている事柄を答えとして引き出すためには、どのような疑問文を作ればいいだろうか。思いつくものを書き出しなさい。

- _____
- _____
- _____
- _____

● 歴史的経過を述べる文章を書くには

　　まず、対象の事柄について「何」「いつ」「どこで」「だれが」「なにを」「どのような/に」「どうして」など疑問詞で始まる疑問文を書き出し、その答えを資料など調べ用意する。その後以下の順で、答えの中から必要なものを取り上げ、重要な順に並べて書いていく。

① 概要
② 始まり、目的など
③ 時の経過に伴う変化
④ 現状、課題、将来予想

2）本文の各段落の内容を短い言葉で下に書きなさい。なお、第1段落は例として入れてある。

第1段落　_____さっぽろ雪まつりとはどのようなまつりか（例）_____

第2段落　_____

第3段落　_____

第4段落　_____

第5段落　_____

第6段落　_____

Ⅲ　歴史的な経過の説明に使われる文型・表現
れきしてき　けいか

1. 過去のできごとを示す
かこ

> ～年（に）、　～が　～た。

・1972年、雪まつりがテレビ中継により世界に知られた。
ちゅうけい

2. 変化を示す
へんか

> （動詞）～ように
> （イ形容詞）～く ｝なった。
> （ナ形容詞）～に

・市民も雪像づくりに参加できるようになった。
しみん　せつぞう　さんか

・観光客が多くなった。
かんこうきゃく

・雪まつりが国際的になった。
こくさいてき

3. 経過を示す
けいか

> そして／その後、　～。
> ご

・そして、第二会場は家族や親子連れの遊び場としてにぎわうことになった。
だいに　おやこづ
あそ　ば

4. 一連の流れをまとめる
いちれん　なが

> このように ｛～た。
> ～てきた。

・このように雪まつりは市民の人気行事になってきた。
ぎょう
じ

5. 話題を追加または転換する
ついか　てんかん

> また／さらに、　～。（付け加える）

・さらに、これをきっかけに国際コンクールも盛んになった。
こくさい
さか

> 一方、　～。（視点を変える）
> してん

・一方、他の都市でも冬のまつりが行われるようになった。
ほか　とし

Ⅳ 課題 🖊

　あなた自身（じしん）の現在（げんざい）までの日本語学習の経過（けいか）を、次のような流れ（なが）で400字程度（ていど）にまとめなさい。

＜文章（ぶんしょう）の流れ（なが）＞
・自身（じしん）の紹介（しょうかい）
　　　↓
・日本語学習のきっかけ
　　　↓
・日本語学習の経過（けいか）や大きな変化（へんか）
　　　↓
・日本語学習についての現状（げんじょう）の評価（ひょうか）、問題点、今後の希望（きぼう）など

第4課　分類
ぶんるい

Ⅰ　課の目的

　ある物や事柄について説明するとき、それが何に属するかという範疇（カテゴリー）
を示すことによって、その基本的な性質を伝えることができる。また、複数の事柄を
その性質などによりグループ分けすることによって、全体が体系化され理解しやすく
なる。分類をする場合は、何によって分けるかという「分類の基準」が重要である。
分類の基準が変わればグループの分け方も変わる。この課では、分類による説明につ
いて学ぼう。

Ⅱ　文章例「和語・漢語・外来語・混種語」
わ ご　　　　　　　　　　こんしゅご

1．読む前に

　下の語は、①〜③のように異なる分け方ができる。それぞれどのような基準で分類
したのか考えよう。

タフ（な）／　歴史　／　みる　／　感動（する）／　よい　／　適切（な）／　畑　／　パン

①　［歴史／畑／パン］　［タフ（な）／よい／適切（な）］　［みる／感動（する）］

②　［タフ（な）／パン］　［みる／よい］　［歴史／感動（する）／適切（な）／畑］

③　［タフ（な）／パン］　［歴史／感動（する）／適切（な）］　［みる／よい／畑］

　上の③は出自により分類している。「出自」とは出どころのことで、言葉がどこか
ら来たのかということを表す。ちなみに、上の「タフ」は英語から、「パン」はポル
トガル語から日本語に取り入れられた。ここでは出自による語の分類について読んで
みよう。

２．本文

　日本語の単語は、その出自によって和語・漢語・外来語・混種語の４種類に分けられる。

　[　a　] 和語とは、日本の固有の言葉を指し、大和言葉とも呼ばれる。数を数えるときの「ひとつ」「ふたつ」や「おとこ」「おんな」「うれしい」「いく」「くる」など、日常生活でよく使われる基本的な言葉が多い。また助詞や助動詞など文法的な機能を表す語も和語である。漢字で書く場合は、「行く」「来る」のように訓読みで発音される。

　[　b　] 漢語とは、1字または2字以上の漢字で作られた単語のことで、字音語とも呼ばれる。ほとんどが中国語から日本語に取り入れられた語である。名詞以外にも、「説明する」「期待する」のように「する」をつけたいわゆる「スル動詞」や、「正確な」「冷静な」のような形容動詞（ナ形容詞）など、数え切れない漢語が使われている。漢語は、取り入れられたときの中国語の発音をまねて音読みで発音される。[　c　]、漢語の中には日本人が作ったものもある。例えば、現在使われている「映画」「社会」などの語は、明治以降に外国語の翻訳のために作り出されたものである。

　[　d　] 外来語とは、主に西欧から入ってきた語のことで、漢語と同じく、外国文化の輸入に伴って伝えられ、やがて日本語として定着したものである。普通はカタカナで表記される。外来語は、明治時代の文明開化＊によって急激に増加した。現在使われている外来語の大部分は英語から来たものであるが、ドイツ語（哲学・医学関係）、フランス語（美術・服飾・料理関係）など特定の分野に集中しているものもあり、海外からの文化の摂取の経過がうかがえる。現在も様々な分野で新しい言葉が増え続けている。

　[　e　] 混種語というのは、和語・漢語・外来語などを組み合わせて作られた語である。例えば「紙コップ（和語＋外来語）」「プロ野球（外来語＋漢語）」「郵便受け」（漢語＋和語）」などがそれにあたる。

　では、これらの４種類の語彙は、日本人の実際の言語生活の中でそれぞれどのような位置を占めているのだろうか。（以下、略）

＊　文明開化：明治初期における日本の近代化や西洋化を指す。

3. 理解問題

1）本文の［a］〜［e］に入る接続表現を考え、下の（　　）に書きなさい。

a.（　　　　　　　）　　b.（　　　　　　　　）　　c.（　　　　　　　）

d.（　　　　　　　）　　e.（　　　　　　　　）

＜ヒント＞

本文では4種類の語について順に述べているので接続表現がなくても内容が理解
できるが、接続表現をつけると文章の展開をさらに明確に示すことができる。

・説明の順序を示すときの接続表現

　　　第一に、第二に、第三に、・・・・・、最後に

　　　まず、次に、それから、さらに、最後に

・説明を補ったり、付け加えたりするときの接続表現

　　　ただし、なお

2）次の漢語に対応する和語を下のa〜fから選び、記号で答えなさい。

① 表面（　　）　　　② 理由（　　）　　　③ 利益（　　）

④ 幸福（　　）　　　⑤ 規則（　　）　　　⑥ 模倣（　　）

```
a  おもて      b  もうけ      c  まね      d  きまり
e  しあわせ    f  わけ
```

3）本文に出てきた4種類の語について、表に要点をまとめなさい。
　　ただし、表の右端の「例」は各自で考えてみよう。

表1　日本語の語彙

種類	それぞれについての説明	自分で考えた例

Ⅲ 分類に使われる文型・表現
ぶんるい

1. 分類を示す

～は　　A、B、Cに { 分けられる。 分類できる。
ぶんるい

・日本語の単語は、和語・漢語・外来
たんご　わご
語・混種語の４種類に分けられる。
こんしゅご　しゅるい

～には　A、B、Cが　ある。

・世界遺産には自然遺産、文化遺産、
いさん　　しぜんいさん　ぶんかいさん
複合遺産の三つの種類がある。
ふくごういさん

2. 分類の基準を示す
きじゅん

～は　～により　A、B、Cに 　　　　　　　　　分けられる。

・お茶は葉の発酵の程度により、不
は　はっこう　ていど　　　ふ
発酵茶、半発酵茶、発酵茶に分け
はっこうちゃ　はんはっこうちゃ　はっこうちゃ
られる。

3. 範疇を示す
はんちゅう

～は　（範疇）である。 　　　はんちゅう ～は　～の　一種である。 　　　　　いっしゅ ～は　～に　属する。 　　　　　ぞく

・緑茶は不発酵茶で、紅茶は発酵茶
りょくちゃ　ふはっこうちゃ　　こうちゃ　はっこうちゃ
である。

・風力は再生可能エネルギーの一種
さいせいかのう　　　　　いっしゅ
である。

・イルカは哺乳類に属している。
ほにゅうるい　ぞく

4. 用語について説明する

～とは　～を指す。 ～とは　～のことである。

・和語とは日本固有の言葉を指す。
わご　　　　こゆう　　　　さ

・外来語とは主に西欧から入った言
おも　せいおう
葉のことである。

5. 分類の下位項目や例を示す
かいこうもく　れい

～には、～、～などがある。 例えば、～、～、～がある。 たと

・再生可能エネルギーには、太陽
さいせいかのう　　　　　　　　　たいよう
光、風力、地熱、バイオマスなど
こう　　　　ちねつ
がある。

Ⅳ 課題 ✏️

3〜4人のグループで、初めて日本に来たときに困ったことを書き出し、それをも
とにこれから日本に来る留学生へのアドバイスを書いてみよう。

1）グループで自分たちが日本に来て困ったことをできるだけ書き出してみる。

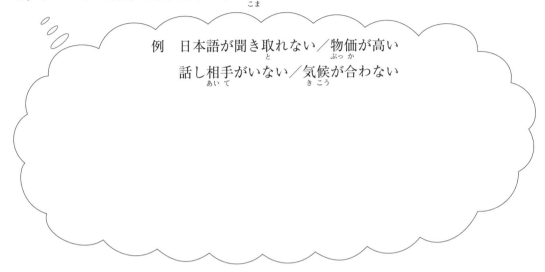

例　日本語が聞き取れない／物価が高い
　　話し相手がいない／気候が合わない

2）上で挙げたことをグループ分けし、それぞれのカテゴリーのラベルを　　　　に記
入する。カテゴリーの数は自分たちで判断し、分類が難しいものはその他に入れ
る。

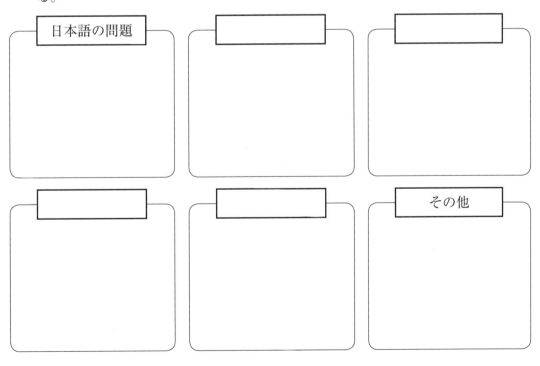

日本語の問題

その他

3）最後に、2）で整理した内容をもとに、これから留学する人のために来日後に予想される問題やそれに対するアドバイスをグループで協力して書いてみよう。

　　＜書き方＞

　　　・タイトル　例「これから日本に留学する人へ」

　　　・構成例

　　　　1．はじめに

　　　　2．来日後の問題とアドバイス①

　　　　3．来日後の問題とアドバイス②　　｝グループ内で分担して書く。

　　　　4．来日後の問題とアドバイス③

　　　　5．最後に

　　　・長さ　全体で600〜800字

第5課　定義

Ⅰ　課の目的

　文章を書くときには、主題に関わる重要な語について、書き手は明確な定義を持っていなければならない。また、多くの意味を持つ語や、社会的にまだ定着していない語を使用するときには、読み手に誤解を与えないように、その語について定義をする必要がある。この課では定義のしかたを学ぼう。

Ⅱ　文章例①　短い定義の例

1．読む前に

　定義には原則として、以下の三つのことが必要である。
　　①　「定義される語または事柄」
　　②　それが属する「分類の範疇」
　　③　同じ分類に入る他のものとの違いを述べる「詳しい説明」

2．本文

ボールペン　ボールペンは筆記用具の一種で、書くときに、先端についている小さな球（ボール）が回転してインクを送り出す構造になっているものである。

長方形　　　長方形は、四つの角がすべて直角の四角形で、向かい合う辺の長さが等しい。

電子書籍　　電子書籍は電子化・デジタル化されている書籍で、専用の電子機器やスマホやタブレットで読むことができる。

3．理解問題

1）本文中の二つの事柄の定義の内容を下の表に整理しなさい。

定義される語/事柄	分類の範疇	詳しい説明
長方形		
電子書籍		

２）１）の例にならい、次のものについてその範疇と詳しい説明を書きなさい。

定義される語／事柄 （ことがら）	分類の範疇 （はんちゅう）	詳しい説明 （くわ）
エスカレーター		
サングラス		
（自分で選んだもの） 　　　（えら）		

３）上の２）の語から一つ選んで、定義の文を書きなさい。

Ⅲ　文章例②「道具を使うチンパンジー」

　次に論文の中の定義の例を見よう。次はある論文の一部であるが、論文の中で使用する重要な語について、筆者がその意味内容の定義を与えている。意味を限定することによって、読み手の誤解を防ぎ、理解を助けることができる。

１．読む前に

　本文は、「お金を使うチンパンジー」という標題の論文の一部である。論文では、筆者はチンパンジーが形態・生理などで人と共通点を持つだけでなく、知性にも共通点が認められると述べている。また、右のような図が示されている。

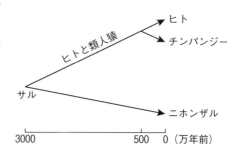

　論文の中で筆者は重要な語句について定義を示している。また、自説を展開するために重要な概念について筆者としての規定をしている。それらに注意しながら本文を読んでいこう。

2. 本文

　ヒトとチンパンジーの知性の共通点は、道具使用についても顕著に認められる。多様な道具を使うのは、ヒトとチンパンジーだけだ。ゴリラやオランウータンはごく稀にしか道具を使わない。ニホンザルでは道具使用の例は皆無に近い。道具使用は、ヒトとチンパンジーの共通祖先が獲得した一つの知性だといえる。

　道具に関しては多くの人々がさまざまな定義をしているが、ここでは次のように定義したい。道具とは、ある目的達成のために使用される身体以外の物体である。そして、道具を使用する行動は、社会の中で経験を通じて獲得され、世代を越えて伝播する。

　野生状態でのチンパンジーの道具使用は、ジェーン・グドールによって1960年に初めて報告された。ゴンベ・ストリームという、東アフリカはタンザニアのタンガニーカ湖畔である。チンパンジーは、草の茎を使ってシロアリを釣り上げて食べる。シロアリはチンパンジーの好物だが、素手で捕まえると咬まれてしまう。そのためにチンパンジーは、シロアリを釣り上げる道具として草の茎を用いるのである。

　その後、草の茎を使ったシロアリ釣り以外にもチンパンジーのさまざまな道具使用が報告されてきた。西アフリカはギニアのボッソウに住むチンパンジーは、石を使って堅いアブラヤシの種を叩き割る。しかもハンマーと台石だけでなく、その台石を安定させるための支えとなる石までも使用する。（中略）

　このように見てくると、他の動物も道具を使っているという人がいるかも知れない。例えば、フィンチ（アトリ科の鳥）の一種は枝を使ってエサとなる虫を引きずり出す。テッポウ魚は水鉄砲のように水を吹き出し、虫を叩き落とす。一見すると、枝が熊手がわりの、そして水が鉄砲がわりの道具として使用されている。しかし、その道具使用は遺伝的に決まっており、地域差は見られない。そのためこれらの行動は本能的行動だといえる。

　これに対して、チンパンジーの道具使用には明確な地域差が存在する。シロアリ釣りは東アフリカでは見られるが、西アフリカでは見られない。逆にヤシの種割りは西アフリカでは見られるが、東アフリカでは見られない。どちらにもシロアリや草の茎、ヤシの種や石が存在するにもかかわらず、道具使用には地域差が見られる。ということは、これらの道具使用は個体の経験を通じて獲得される行

動なのだ。チンパンジーの道具使用は、その地域社会の中で学習により獲得され
世代を越えて伝播する。チンパンジーの使う道具はヒトの使う道具と同様に上述
の定義に合致している。

出典：鈴木修司・松沢哲郎（1997）「お金を使うチンパンジー」『言語』26 − 1

３．理解問題

１）本文の内容に基づくと、下の文は正しいか、誤りか。（　　）の中に正しいもの
は○を、誤りには×を書きなさい。

（　　）ヒトとチンパンジーの共通点は道具を使うことだけだ。

（　　）ゴリラも道具を使うことがある。

（　　）アフリカにいる野生のチンパンジーはどれも同じ道具を使う。

（　　）フィンチが枝を使って虫を捕るのは本能的行動だ。

（　　）チンパンジーはその社会で成長する過程で道具の使い方を学ぶ。

２）本文の内容に基づいて、次の文の〔　　　〕の中に最も適した言葉を本文の中か
ら選んで入れなさい。

　筆者は、動物が使う道具に〔　　　　　　〕があることで、道具を使う行動が学
習によって獲得されたものだと判断している。

３）本文の中で、「道具」の定義を述べている部分に一本線の下線を、筆者が「道具
使用」の概念について規定している部分に二重下線を引きなさい。

Ⅳ　文章例③「SDGs」

1．読む前に

　まだ社会的に十分定着していない概念を説明するときには、言葉の定義だけではなく、実例や実情などを述べて読み手の理解を助ける。次の例で見てみよう。

2．本文

　ＳＤＧｓとは、「Sustainable Development Goals」の略称で、エスディージーズと読む。日本語では「持続可能な開発目標」と訳されている。ＳＤＧｓは2015年の国連サミットで150を超える加盟国が一致して掲げた2030年までの開発目標のことである。

　先進国・途上国を問わず、全ての国の人々が豊かに暮らすために、経済・社会・環境の課題を17の目標で示している。例えば、目標1「貧困をなくそう」、目標2「飢餓をゼロに」、目標3「すべての人に健康と福祉を」・・・目標17「パートナーシップで目標を達成しよう」のように、人々が人間らしく暮らせる社会基盤を作り上げることを目指している。

　これらの目標を達成するためには、各国の公的機関はもちろんのこと、民間企業や消費者である一般市民の参加が不可欠である。現に目標12「つくる責任つかう責任」では、つかう消費者の責任がはっきり求められている。

参考：農林水産省「ＳＤＧｓ（持続可能な開発目標）とは」
<http://www.maff.go.jp/j/shokusan/sdgs/>（参照2019年1月21日）

3．理解問題

　本文は3段落から成る。各段落の内容を例のように短い言葉にまとめ、（　　）の中に書き入れてみよう。

　　第1段落　（言葉の意味の説明（例）　　　　　　　　　）
　　第2段落　（　　　　　　　　　　　　　　　　　　　　）
　　第3段落　（　　　　　　　　　　　　　　　　　　　　）

V　定義に使われる文型・表現

1．分類の範疇を示す

> ～は　～の総称である。

・造形美術は、絵画、彫刻、工芸品、建築などの総称である。

> ～は　～の一つ／一種である。

・秋田犬は日本犬の一種で、大型で元来は狩猟犬であったが、現在は家庭犬として人気がある。

2．意味を説明する

> ～とは／というのは、～のことである。

・EUとは英語の「European Union」の略語で、欧州連合のことである。

3．例示する

> 例えば｛～（など）がある。
> 　　　　～（など）がそれに当たる／入る

・バリアフリー商品というと、例えば、容器につけた突起で違いを示すシャンプーやリンスがある。

VI　課題 ✏️

下のa～dの中から一つ選び、文章例③を参照して①～③の条件で定義を入れた説明の文章を書きなさい。

　　a．パワハラ　　b．AI　　c．パンデミック　　d．自分で選んだもの

<書き方>
① 次の順序で三つの段落で書く。
　・言葉の意味の説明
　・具体例
　・それに関しての日本、または自国の実情
② 字数は400字程度
③ 定義で参考にした文献、ウェブサイトなどがあれば、第Ⅱ部第10課Ⅳレポートにおける参考文献の示し方を参照して文末に明記する。

比較・対照
ひかく　たいしょう

I　課の目的

　物や事柄について考えるとき、性質の近いものと比較することによって、その特徴
ことがら　　　　　　　　　　　せいしつ　　　　　　ひかく　　　　　　　　　　　　　　　　　　　とくちょう
がより明確に理解しやすくなる。例えば、下のa、bのそれぞれの共通点と相違点に
めいかく　りかい　　　　　　　たと　　　　　　　　　　　　　　　　　　きょうつうてん　そういてん
ついて考えてみよう。

　　　a　「自転車」と「オートバイ」

　　　b　「サッカー」と「バスケットボール」

　似ているものと比べることによって、それぞれの性格が明確になることが分かるだ
に　　　　　　　くら　　　　　　　　　　　　　　　　　せいかく　めいかく
ろう。なお、「比較・対照」の「対照」の方は性質が反対のものについてその違いを
ひかく　たいしょう　　　　　　　　　　　せいしつ　はんたい　　　　　　　　ちが
特に強調する場合を指す。比較・対照はレポートでもよく行われる考察方法の一つで
きょうちょう　ばあい　さ　　　　　　　　　　　　　　　　　　　　こうさつほうほう
ある。この課では比較の文章について学ぼう。

II　文章例①「木のストロー」

1．読む前に

　近年、プラスチックごみが世界中で大きな問題になっており、ファーストフードな
どの飲食店でも使い捨てプラスチックの使用を減らす取り組みが始まっている。以下
つか　す
は、日本のあるメーカーが開発した木のストローについての文章である。木はプラス
へ　と　く　　　　　　　　　　　　　　　　　ぶんしょう
チックのストローに代わることができるだろうか。他の材料のストローとも比較しな
ほか　ざいりょう　　　　　　ひかく
がら考えてみよう。

2．本文

> 　環境保護の視点からプラスチック製のストローの使用が問題になっている。そんな中で日本の住宅メーカーが、間伐材[*1]を含む国産材を利用した木のストローを開発して、普及を目指しているという。このストローは、木を約0.15ミリの厚さにスライスしたものを管の形に巻上げて作られる。最近、プラスチックのストローの代わりに紙のストローが注目されているが、紙のストローは飲み物に入れていると柔らかくなって使いにくくなってしまう。それに対し、木製は柔らかくならず使い続けることができるという。これまで捨てられてきた間伐材の有効利用にもなる。ただ、値段は1本あたりプラスチック製が0.5円程度、紙製が数円なのに対し、木製は数十円と[*2]かなり高い。普及が進んで大量生産するようになればコストを下げられるということだが、プラスチックの代わりに広がるか、注目したい。

参考：毎日新聞2018年12月1日朝刊記事「木の温かみ　ストローに」

＊1　間伐材：森林で木が茂りすぎるのを防ぐため余分な木を切ったもの。紙の原料や割り箸などに使われる。

＊2　「～とかなり高い」の「と」は、ある状態を示した上でそれについて評価を述べる言い方。

　　　例：去年1年間の物価上昇率は6.5％ときわめて高かった。

3．理解問題

1）上の本文を参考に、それぞれの材質のストローを比較して表にまとめなさい。また、他の材質や比較の観点についても挙げて、さらに考えてみよう。

比較の観点 ＼ 材質	プラスチック	紙	木	（　　　　　）
環境への影響				
使いやすさ				
経済性				
（　　　　　）				
（　　　　　）				

２）木のストローはプラスチックに代わって普及すると思うか。また、あなたはプラスチックのストローを減らすためにどんな方法をとったらよいと思うか。左ページの表を参考に、自分の意見やその理由を考え、クラスメートと話し合おう。

＜メモ＞

・木のストローは普及するか

・プラスチックのストローの代わりにどんな方法がよいか

（ストローを使わないという選択肢も含めて）

Ⅲ　文章例②「私の両親」

１．読む前に

二つのものの違いが際立っているとき、「ＡとＢは正反対だ」とか「ＡとＢは対照的だ」と言う。次の文章は対照的な両親の話である。どんな点が対照的なのか読んでみよう。

2. 本文

　　私の両親は性格が対照的だった。父は小さな工場を経営していたが、真面目でだれよりも遅くまで仕事をしていた。特別な趣味はなく、休みの日も畑で野菜を作ったり庭の草むしりをしたりしている姿が印象に残っている。どちらかと言えば無口で人との付き合いも少なかったが、物を作ることが好きで、子どもたちのために机や本箱を作ってくれたこともあった。一方、母は話し好きで友だちも多く、社交的な人だった。短歌や茶道など趣味が多かったが、子どもたちが成長してからは、それに加えてカラオケ、ダンスなどさまざまな集まりによく出かけていた。

　　お金の使い方も正反対だった。父は合理的な考え方をする人で、無駄なものは一切買わなかった。物を買うときは高くても質の良い物を選び、長く大切に使っていた。一方、母は買い物好きで、店で勧められると断れずに買ってしまうので、家には母が買ったまま使っていない物がたくさんたまっていた。

　　そんな二人だったが、子どもを愛する気持ちだけは一致していた。3人の子どもたちに父は父らしく、母は母らしいかたちで変わらぬ愛情を注いでくれた。

3. 理解問題

1）筆者の両親はどんなところが対照的か。下の左右の［　　］に対比させて挙げてみよう。

父　　　　　　　　　　　　　　　　　　母

［　　　　　　　　　　　　］／［　　　　　　　　　　　　　　］

［　　　　　　　　　　　　］／［　　　　　　　　　　　　　　］

［　　　　　　　　　　　　］／［　　　　　　　　　　　　　　］

2）あなたの家族や友人で、あなたと対照的な性格の人がいるか。その人はどんなところがあなたと対照的か、下に簡単に書いてみよう。

_____

_____

_____

3）「恋」と「愛」の最も大きな違いは何だと思うか。自分の考えを自由に書いてみ
よう。

メモ

恋 こい	愛 あい

_____

_____

_____

Ⅳ　比較・対照に使われる文型・表現
ひかく　　たいしょう

1. 同じであることや、似ていることを示す
に

AとBはどちらも〜。 AもBも〜である。

・日本とイギリスはどちらも島国
である。
しまぐに

★　下線部分に、文章例①のストローやその他の例を使って比較の文を書いてみよう。
かせんぶぶん

2. 比較して述べる
の

AはBより（も） Bに比べ　｝〜。
くら

・木のストローは紙のストローよ
り丈夫だ。
じょうぶ

AとBを比較すると／ 　　比べると　　｝Aのほうが〜。 AとBとでは、
くら

・_____
_____

A、B、Cの中で、Aが最も〜。
もっと

・_____
_____

3. 対比して述べる

Aは～。それに対して、Bは～。

・_____
_____

Aが　～のに対し、Bは　～。

・_____
_____

Aは　～（だ）が、Bは　～。

・_____
_____

AはBと反対に、　～である。

・ブラジルは日本と反対に、今が
真夏である。
まなつ

V　課題 🖊

　以下の１）～３）の手順で「紙の本」と「電子書籍」を比較する文章を書きなさい。
てじゅん　　　　　　　　　　　　　でんししょせき　　ひかく　　　ぶんしょう
１）それぞれの良い点と劣る点をできるだけ書き出し、クラスメートと話し合おう。
よ　　おと

<table>
<tr><th></th><th>紙の本</th><th>電子書籍
でんししょせき</th></tr>
<tr><td>良い点
よ</td><td></td><td></td></tr>
<tr><td>劣る点
おと</td><td></td><td></td></tr>
</table>

2）前ページのメモや話し合いの内容を下の表に整理しなさい。

比較の観点 ひかく　かんてん	紙の本	電子書籍 でんし しょせき

3）同じ内容で紙の本と電子書籍がある場合、あなたはどちらの方を使いたいか。
それぞれの特徴を比較しながらあなたの考えを書きなさい。字数は400字程度と
する。

第7課　因果関係
いんが かんけい

I　課の目的

　ある事柄の原因と結果の関係を因果関係という。多くの物事は原因と結果が複雑に
絡み合ってもたらされた結果であって、原因となる事柄は一つとは限らない。レポー
トで、ある現象や事柄の因果関係を述べる場合には、結果に至る一連のできごとを注
意深く関係づけていかなければならない。この課では、そのような「因果関係」の述
べ方を学ぼう。

II　文章例「お魚殖やす植樹運動」
ふ　しょくじゅうんどう

1. 読む前に

　本文の題から、魚と森林との間にどのようなつながりがあるか考えてみよう。また、
この文章は植樹運動の概要・現状を解説する部分と、運動に実際に携わった人物への
インタビュー記事を引用した部分から成る。文体の違いに注意しながら読もう。

2. 本文

　　四方を海に囲まれた島国日本では、漁業によって暮らしを立てる人々が多い。今、
日本の各地の漁業者たちの間で広く行われているのが植樹運動である。北海道で
も、1988年から植樹運動に取り組んで来た漁業者の団体がある。北海道漁協婦
人部連絡協議会（現北海道漁協女性部連絡協議会　以下道漁女連と略す）である。
　　1988年に創立30周年記念事業として植樹に取り組んだ道漁女連は、「百年かけ
て、百年前の自然の浜を」というキャッチフレーズのもとに初年度は約7万3,500
本の木を北海道の沿岸の山々に植えた[1]。
いったい、なぜ道漁女連は植樹運動を始めたのだろうか。その答えは、ある月刊
情報誌のインタビュー記事により知ることができる。以下は、その情報誌に掲載
されたこの団体代表者へのインタビューの一部分をそのまま引用する。

　　―「百年かけて百年前の自然の浜を」というのは、どういうことなのですか。
　　―その着眼点は漁村の山々に木が少なくなったことです。
　　北海道の開拓が本格的に進められていた百年前、北海道の海岸地域は豊かな森

に覆われていたといわれます。ところが、このころの北海道の産業は、気温の低い土地柄のために農業の生産技術はまだ十分ではなく、北海道経済はニシンやサケなどの漁業が支えていたといっても言い過ぎではなかったのです。

とくに、ニシン漁は春の一時期に大量に水揚げされ、そのほとんどはニシン粕や魚油の原料に向けられました。それらはニシンを釜で煮て、圧搾機で搾ってつくるため、たくさんの燃料を必要とします。そのため、海岸に森をなしていた木を切り倒し、薪として片っ端から燃やしていったのです。当時、1トンのニシン粕を作るのに「99本の薪が必要だ」といわれたほどだったらしいのです。

そんなことで、沿岸の森はいつのまにか丸坊主にされ、雨が降るたびに陸から土砂の混じった赤い水が海に流れ出し、昆布をはじめとした海藻類を枯らしました。昆布が枯れると、それを餌とするウニをはじめ多くの浅海資源が減少していき、沿岸漁業は衰退の傾向を強めていったのです。

植樹運動を始めようと呼びかけたとき、「浜の母ちゃんが、なして（なぜ）山に行って木を植えなきゃなんないんだろうね」という人がたくさんおりました。私たちは最初にそのことの学習から始めたのです。

漁業者の間には「魚つき林」というもののあることが知られています。それは、魚が木陰などの暗いところを好み、森が海の波風をやわらげ、水温を安定させる役割をしてくれるので、魚が多く集まり、繁殖を盛んにするといわれているのです。

また、有名な動物学の先生が「海を見るときは山を見よ」と言っていたそうです。それは、食物連鎖のいちばん底辺となる植物プランクトンの栄養源は森の土の中で分解され、森のいろいろなはたらきによってコントロールされながら、山から河川によって海に運ばれてくるというのです。そうした自然の摂理を知ったうえで、「やっぱり木を植えて、森をつくって、きれいな水を海に流すと、豊かな資源が回復する」ということを信じて、スタートしたのです[2]。

キャッチフレーズのいわれについては、記念事業としてこの植樹運動を立ち上げ、指導した柳沼武彦氏が著書の中で述べている。事業に先立って、協力と指導を仰いだ北海道森林組合連合会から迎えた講師が学習会で、苗木を植えてから時間をかけて育て上げる苦労を説き、浜を豊かにするには「百年くらいかけて、あ

せらずにやることだ」と言った言葉から、「百年かけて百年前の自然の浜を」に決まったのだという[3]。北海道庁の資料によると、平成29年度の道漁女連の植樹本数は累計で120万本近くに達したという[4]。また、名称こそ様々だが、「漁民の森づくり活動」は平成28年度に北海道で71カ所、全国131カ所で行われたという[5]。木を植えることから始まったこの運動も、現在は作業内容が下刈り、間伐など森の管理になっている所もある。大切なことは、植えられた木の本数だけではなく、この運動のひろがりによって、漁業者はもちろん一般の人々も、森と河川と海のつながりを知り、自然環境を守ることの大切さを悟ることになったことであろう。

参考文献

1）、3）　柳沼武彦（1999）『森はすべて魚つき林』北斗出版

2）　『月刊アイワード』1999年11月号（通刊221号）3頁「お魚殖やす植樹運動」の道漁婦連（現道漁女連）会長北崎初恵氏へのインタビューより

4）　北海道水産林務部「お魚殖やす植樹運動実績」

5）　公益財団法人　海と渚環境美化・油濁対策機構「平成28年度　環境・生態系・保全活動等調査事業漁民の森づくり活動等調査報告書（海の羽募金事業)」

3．理解問題

1）本文によると百年前の北海道の海岸地域の自然はどうだったか。

_____

2）北海道の沿岸の浅海資源がなぜ減少したか。その因果関係を順を追って例のような短い文で答えなさい。

　　1．ニシンを釜で煮て魚粕を取るために、燃料として多くの木が切られた。（例)

　　2．_____

　　3．_____

　　4．_____

3）植樹運動はなぜ漁業に効果があると期待されているか。本文からその理由を二つ
挙げなさい。

・ ＿＿＿＿＿＿＿＿＿＿＿＿＿＿＿＿＿＿＿＿＿＿＿＿＿＿＿＿＿＿＿＿＿＿＿

・ ＿＿＿＿＿＿＿＿＿＿＿＿＿＿＿＿＿＿＿＿＿＿＿＿＿＿＿＿＿＿＿＿＿＿＿

Ⅲ　因果関係に使われる文型・表現

1．因果関係を表す

＜結果に重点をおく＞

～と、～。	・大雨が続くと、土砂災害が起きやすい。
～（の）結果、～。	・予習、復習の結果、成績がよくなった。
～によって／より～。	・カルシウム不足によって／より骨が弱くなる。
～ので、～。	・経済が悪化したので、失業者が増加した。
～（が原因）で、～。	・運転手の不注意（が原因）で、バスが崖から落ちた。
～（の）ため、～。	・天候不順のため、野菜が値上がりした。

＜原因に重点をおく＞

～は、～からである。	・風邪をひきやすいのは、健康管理が悪いからである。
～は、（の）ためである。	・輸出が伸びているのは、円安のためである。
～は、～による	・大量の難民の発生は、内戦によるものが多い。
～は、～に原因がある。	・肥満は、食べ過ぎと運動不足に原因がある。

～（の）原因として、～がある。	・視力低下の原因として、スマホの見過 ぎがある。

～（の）原因は、～にある。	・倒産の原因は、過度の設備投資にある。

２．因果関係についての考察を述べる

～と考えられる。	・輸出が伸びているのは円安のためだと 考えられる。

Ⅳ　課題 ✎

　厚生労働省によると、日本の2018年の出生数は918,397人で３年連続して減少しているという。日本では少子化が問題になっている。あなたの国の状況はどうであろうか。
　この少子化をもたらした原因にはどんな事柄が考えられるだろうか。また、少子化が続く、または進むと、社会的にどのような問題が起きるか、少子化の解決策はあるか、日本、またはあなたの国のどちらかを取り上げて考えてみよう。

＜書き方＞
・少子化の原因、その結果生じる問題、解決策をできるだけ書き出してみよう。

少子化の 原因	

⬇

少子化の 結果	

解決策	

・上に挙げた原因および結果の中であなたが特に重要だと思うことをそれぞれ一つか
　二つ選び、なぜそれが重要かその理由も考えて、400字から500字で書きなさい。

第8課 意見と根拠

Ⅰ 課の目的

　大学のレポートで、ある事柄について自分の意見・主張を述べるには、読み手が納得できる論理的、客観的根拠を示さなければならない。ここでは、ある問題について資料を手がかりに意見・主張を述べた文章例を見てみよう。

Ⅱ 文章例「企業の受動喫煙防止の取り組みに思う」

1．読む前に

　以下は、日本で受動喫煙防止に取り組む最近の企業の動向を報じた新聞記事を読んで、その内容に関連して非喫煙者の立場から意見を述べた文章である。なお、ここに書かれているのは一つの意見であって、筆者とは異なる意見も当然ある。筆者はこの問題についてどのように考えているか、またその根拠は何か、そしてそれは納得できるものか、などを考えながら批判的に読もう。

2．本文

　　2018年11月1日の毎日新聞朝刊に「『喫煙不採用』徐々に浸透」という記事があった。筆者は非喫煙者の立場から受動喫煙を問題視してきたので、関心を持ってこの記事を読んだ。ここでは、この記事を参考にしながら企業の受動喫煙対策についての意見を述べたい。

　　記事によると、採用時に「喫煙不採用」を掲げる企業は確実に増えているという。国立がんセンターが2010年に企業の人事採用担当者838人からアンケートをとった当時、喫煙不採用を公言していた企業は3社だったが、同センターが2019年にインターネットで調べたところ、百数十社が喫煙不採用または喫煙の有無を確認したということである。業種は、医療関連を始め、法律事務所、美容・エステ、人材派遣、運送など幅広い。理由は、「受動喫煙を防ぎ従業員の健康を守るため」が多いが、他には、健康づくりを使命とする業種にふさわしくないことや、喫煙者が喫煙の度に席を離れ、職場環境を害するということを理由に挙げているところもある。筆者にはこうした理由は納得できるし、企業がそれぞれの業務内容や経営者のポリシーから喫煙者を望まないのであれば、採用時からその方針を

積極的に示すべきだと考える。

　なぜ「喫煙不採用」という方針が出て来たのか。それを考えるために、企業における受動喫煙対策について、１）企業内での分煙、２）敷地内での全面禁煙、３）喫煙者の不採用、の３段階に分けて考えてみたい。

　上の１）は、職場で喫煙場所を指定し喫煙を認めるという段階である。しかし、規模の小さい会社では独立した喫煙室を設けることは難しく、形だけの分煙になってしまう可能性がある。また、喫煙者が仕事中に喫煙所に通うことが仕事の効率に影響を与えるという問題もあるだろう。

　２）の場合は、職場内での喫煙は認めないというやり方である。近年、大学でも「キャンパス内禁煙」というところが増えている。しかし、企業が建物・敷地内を禁煙にしても、敷地外で働く喫煙者の問題はある。例えば、タクシーである。ドライバーの中には車内での禁煙は守るが、駐車中に車外に出てたばこを吸い、その煙を身につけたまま車に戻って運転する者もいる。また、機具の設置・修理・点検などで派遣された作業員が家屋内に入ってきたとき、衣服に染み付いたたばこの匂いに不快感を覚える人もいるだろう。企業の敷地内が禁煙になったために外の道路や公園などでたばこを吸う人が増えて、たばこの吸い殻が多くなり近隣住民から苦情が来るということも聞く。

　最後の３）は、企業内の喫煙者自体をなくしていくことを目指す。喫煙者の不採用と並行して、現在いる喫煙者に対しても禁煙に向けたサポートを行うところもある。喫煙者不採用は職業選択の自由を奪うという批判もあるが、思想・宗教・性などによる差別とは質的に異なると思う。企業には雇用者の健康を守る責任があるからである。また、企業が不採用を掲げることで、喫煙者がそうした企業を選ばずに済むし、禁煙を目指している人には決断する良い機会になるだろう。

　先の記事によると、現時点で多くの企業は、面接時に喫煙の有無を確認はしても、採用時に喫煙者を排除するところまではいっていないという。採用の可能性を狭めたくないという理由もあれば、上層部の年配者に喫煙者がいるからということもあるという。また、入社時に喫煙者であっても、受け入れてから禁煙教育をするという企業もある。しかし、このような企業は採用時に、入社したら禁煙の努力を始めなければならないと告げるべきである。いずれにしても、それぞれの企業が受動喫煙への対応を明確に示すことが求められる。喫煙は個人の嗜好の問題でありながら、一方で周囲の人の受動喫煙という健康被害の問題を含んでい

る。筆者は喫煙者を社会的に排除するというような考えはないが、企業には受動喫煙対策の徹底を、また喫煙者には非喫煙者へのいっそうの配慮を望みたい。

3．理解問題

文章例の筆者の意見の中であなたが賛成できる、または賛成できないと思うことを一つだけ挙げ、その理由を述べなさい。書く前に［　　　］のどちらかを選び、○で囲みなさい。

・筆者の意見の中で［賛成できる／賛成できない］こと

_____

_____

・上の理由

_____

_____

III　意見文に使われる文型・表現

1．話題の情報源・資料を示す

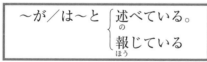

・N新聞は選挙でX氏が優勢だと報じている。

・主催者によると、参加者は女性が多いという。

2．判断・主張・意見を述べる

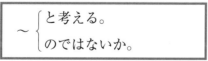

・Y氏のとった行動は正しいと考える。

・住民に通達する前に意見を聞くべきである。

3. 意見として願望を述べる

～ことを 期待したい。
望みたい。
求めたい。

・今後はすべての企業が規定に従うことを期待したい。

4. 判断・主張の根拠を述べる

～。（それは）～からである。

・温暖化防止はグローバルに取り組む問題である。一国だけの取り組みでは効果が上がらないからである。

Ⅳ　課題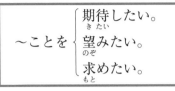

　みなさんの中には、下の例のような様々なことで日本と自分の国との違いに驚いたり、戸惑ったりした人もいるのではないだろうか。下の例を参考にあなたが自国と比べ、「これはいい」、または「これはよくない」と思うことを一つ挙げ、どんな点についてそう思うのか、なぜそう思うのか両方の国の状況を比べながら、書きなさい。

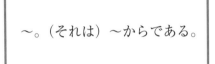

例　家に入るときに靴を脱ぐ習慣、温水洗浄トイレ、
　　器を持つ食べ方、朝晩のラッシュ時の女性専用車両
　　コンビニの24時間営業、居酒屋での飲み放題、……

<書き方>

　その事または物に初めて遭遇したときの状況から書き始め、400字程度の文章にまとめてみよう。

Ⅰ　課の目的

　　レポートでは事実に基づく客観的な記述が求められる。できるだけ具体的な資料を示しながら説得力のある文章を書くようにしよう。なお、ここでの「資料」とは、レポートを作成するために参考にした本、論文、調査報告、統計、雑誌や新聞の記事などすべてのものを指す。この課では、資料を使った説明、資料の探し方、資料の利用で注意すること、参考文献リストの書き方、数値や図表の説明に使われる表現などについて学ぼう。

Ⅱ　具体的な数値を使った説明

　　ここでは、資料の利用の一つとして数値を使った説明の例を見てみよう。具体的な数値を示すことで文章にどのような効果が出るか考えよう。

1．文章例①「資源回収の協力についてのお願い」

　　下は市役所からの「資源回収の協力についてのお願い」の一部である。点線部と下線部とを比べてみよう。

・10月から始まった、「資源物回収」により、びん・缶・ペットボトルのリサイクルは順調にスタートしています。また、燃やせないごみもかなり減少しています。→昨年比で4割減少しています。

・大型ごみで出された家具の一部は、汚れを落とし、簡単な手直しをして再生しています。このリサイクル品は希望者に安く販売されており、市民の間で大変人気があります。→リサイクル品の前回の抽選の平均倍率は80.7倍でした。

---

2. 文章例②「クジラの胃からプラごみ」

　下の文章はプラスチックごみによる海洋汚染についてのニュースである。クジラの胃の具体的な内容物を見ると、人間の出すごみが広い海に住む生物にも大きな影響を与えていることが分かる。

> 　インドネシアの島に流れ着いたクジラの胃から大量のプラスチックごみが見つかったという。ニュースによると、このクジラは全長9.5メートルで、胃の中には5.9キログラムのプラスチックごみが入っていたという。その内容は、ポリ袋25枚、プラスチックのカップ115個、ペットボトル4本、サンダル2個、ロープなどであった。人間が排出するプラスチックごみが海に広がっていることが分かる。

Ⅲ　資料の探し方

1. レポート作成に必要な資料

　レポートを書くときに参考にする資料には、大きく分けて次の3種類がある。例えば、「コンビニ24時間営業」についてのレポートを書く場合を考えてみよう。

① **言葉の意味や定義、あるものや事柄についての背景的な知識**

　　例・「フランチャイズ制度」の意味（『日経ビジネス経済・経営用語辞典』）

② **統計やアンケート調査などの結果**

　　例・コンビニエンスストア統計調査

　　　　（日本フランチャイズチェーン協会ホームページ）

　　　・コンビニ24時間営業についての世論調査（新聞や新聞社の電子版記事）

③ **専門家の説明や研究結果**

　　例・「小売・飲食業の深夜営業に関する動向」

　　　　（国立国会図書館『調査と情報 − ISSUE BRIEF −』965号）

２．資料の種類と探し方

　下の表は、前ページの３種類の資料とその探し方を示したものである。＊の付いたものについては下に簡単に説明する。

	資料の種類	図書館で探す場合	インターネットで探す場合
①	用語の意味や定義、背景的な知識	時事用語辞典＊¹、百科事典、新聞の解説記事など	電子版の時事用語辞典（imidas）や新聞記事など
②	調査、統計などの結果	官公庁の白書＊²や調査報告、雑誌論文など	官公庁の白書や調査報告、企業・団体・新聞社などの調査報告など
③	専門家の説明や研究結果	雑誌論文、専門の本、新書＊³、ブックレット＊⁴など	行政機関・研究機関・団体などのホームページ、論文検索サイト（CiNii、J-STAGE）など

＊１　時事用語辞典：社会で話題になった言葉の意味を分かりやすく説明する辞典。

　　例　『現代用語の基礎知識』、『現代用語の基礎知識（学習版）』、『朝日キーワード』など

＊２　白書：政府機関が作成する報告書で、調査結果や今後の見通しなどが書かれている。

　　例　文部科学白書（文部科学省）、観光白書（観光庁）など

＊３　新書：あるテーマについてその分野の専門家が一般の人向けに説明する小型の本。

　　例　『グーグル・アマゾン化する社会』（光文社新書）

＊４　ブックレット：ある問題について簡潔に分かりやすく書かれた冊子。

　　例　『「環境を守る」とはどういうことか──環境思想入門』（岩波ブックレット）

3．資料の使用にあたって注意すること

1）目的なく、使えそうな文章をインターネットから拾ってつなげるのは止めよう。
何のために、どんな資料がほしいのか。**明確な目的を持って資料を探そう。**

テーマが決まったら、

① まず自分が何を述べたいのか考える。

② アウトラインを考え、大体の内容を考える。

③ 説得力のある文章にするために、どの部分にどんな資料が必要か考える。
例：歴史的な経過や海外での例を示したい、実際の調査結果を示したい…

④ 上の目的にそって、出所が明確で信頼できる資料を探す。
（→ 第11課 Ⅳレポート作成のプロセス 参照）

＜インターネットによる検索＞

例えば、コンビニ24時間営業についての世論調査を探す場合、

① Yahoo!などの検索エンジンでキーワード（「コンビニ24時間営業 世論調査」）を打ち込み、検索ボタンを押す。

② 検索の結果、出てきたものの中から、実施主体、実施時期、調査方法、調査対象数などを比べ、資料として最も価値があると思われる調査を選ぶ。
→次ページの3）を参照

2）**出所が明確な信頼できる資料だけを使おう。**→前ページの表を参照
例えば、以下のものはレポートの主張の根拠としてそのまま使えるだろうか。

> ウィキペディア*（Wikipedia）の解説、インターネットの個人のブログ、企業の宣伝の中の説明や提示されている数値、インターネットのまとめ記事、インターネットの質問コーナー（Q＆A）の回答など

＊ウィキペディアの使用

ウィキペディアは便利だが、匿名のボランティアによって書かれており、書き直しや編集も随時行われるので、レポートの参考資料としてはふさわしくない。ウィキペディアでは事柄のだいたいの内容を理解し参考文献の情報を得るだけにして、レポートには筆者が明確で出典がきちんと明示できる資料を使おう。

3）調査や統計資料はその**価値を批判的にチェックしてから**使おう。

調査がどういう立場の人によって、どういう目的で、どんな方法で行われている

のかをよく確認して、できるだけ信頼できる資料を使うようにしよう。

＜調査資料のチェックポイント＞

調査資料の価値を判断する場合に下の②～⑦はなぜ重要なのか、考えてみよう。

①調査の目的、テーマ

②調査者、または調査主体（機関・団体）

③調査時期

④調査対象とその数

⑤回収率、回答率

⑥調査方法（電話、郵送、対面など）

⑦質問項目

● アンケートやインタビュー調査の場合、対象者の選び方、質問項目、選択肢の作り方などが調査結果に影響している場合がある。都合のよい結果を導くために意図的な操作がされていないか注意しよう。

● 国別の統計を比較する場合、国によって調査方法が異なる場合があるので、記載されている調査や集計方法の説明をよく見よう。例えば、犯罪率の国際比較では、各国の犯罪の定義や犯罪とされる内容が異なるうえに統計のとり方も同一ではないので、単純に比較はできない。

練習1 下の調査の概要について、（　　）に書き出しなさい。

内閣府は「子ども・若者の現状と意識に関する調査」の結果を発表した。この調査は、働くことや職業選択、自分の将来などについての若者の考え方を調べるもので、全国の16歳から29歳までの男女1万人以上を対象にしたものである。調査は2017年10月から11月にかけてインターネットにより行われ、12,630人から回答を得た。このうち有効回答数は12,512（有効回答率99.1%）で、さらにここから無作為に抽出された10,000サンプルについて詳しい分析が行われた。

参考：内閣府「子供・若者の現状と意識に関する調査」（発表日 平成30年3月）
<https://www8.cao.go.jp/youth/kenkyu/ishiki/h29/pdf-index.html>（参照2019年4月1日）

調査目的　（　　　　　　　　　　　　　　　　　　　　　　　　　　　）

調査時期　（　　　　　　　　　　）　調査主体　（　　　　　　　　　　）

対象者　　（　　　　　　　　　　）　調査方法　（　　　　　　　　　　）

有効回答数（　　　　　　　　　　）　有効回答率（　　　　　　　　　　）

練習2 日本人の結婚事情について調べていて、インターネットの結婚式場のサイトで結婚費用についてのデータを見つけた。なお、このサイトには調査方法などの説明はなかった。以下は、内容を少し変えて再現したものである。
この資料は日本人の結婚式の実態としてレポートでこのまま使うことはできない。その理由を下に箇条書きで挙げ、クラスで話し合おう。

現在、挙式、披露宴・披露パーティにかかる費用の平均は約320万円です。なお、結婚式では参加者から「ご祝儀」という形でお祝い金を受け取りますが、その平均額は、友人は3.0万円、上司は約3.5万円、親族は5.8万円です。

資料として使うのが不適切な理由

・　_____

・　_____

Ⅳ　文章例③「コンビニ24時間営業は必要か」

1．読む前に

　日本フランチャイズチェーン協会によると、2019年2月現在、協会の会員となっているチェーン店だけでも全国で約5万6千店のコンビニがあり、しかもその数は毎年増え続けている。コンビニの24時間営業は利用者には便利な反面、労働力不足やコンビニ店主の長時間労働や経営の負担が大きな問題になってきている。

　ここでは2019年3月に新聞社が行った世論調査の中の「コンビニ24時間営業」の項目の結果を見てみよう。また、文中で数値について説明する表現にも注目しよう。

2．本文

　朝日新聞社が16、17両日に実施した全国世論調査（電話）で、コンビニエンスストアの24時間営業は必要だと思うかを尋ねた。「必要ではない」が62％で、「必要」の29％を大きく上回った。若年層で「必要」が多数だったのに対し、40代以上になると「必要ではない」が多くを占めた。

　年齢別では、18〜29歳で「必要」が58％、「必要ではない」36％。30代は「必要」51％、「必要ではない」40％だった。これが40代になると「必要」28％、「必要ではない」62％と逆転。年代が上がるごとに「必要ではない」が増え、50代で70％、60代で72％、70代で77％だった。

　男女別では、男性が「必要」33％、「必要ではない」57％。女性は「必要」26％、「必要ではない」66％。地域別では、特に大きな差は見られなかった。

　＜調査方法＞　コンピューターで無作為に電話番号を作成し、固定電話と携帯電話に調査員が電話をかけるRDD方式で、16，17の両日に全国の有権者*を対象に調査した（固定は福島県の一部を除く）。固定は有権者がいると判明した1,681世帯から740人（回答率44％）、携帯は有権者につながった1,908件のうち804人（同42％）、計1,544人の有効回答を得た。

＊　有権者：選挙権を持っている人（2016年から18歳以上に引き下げられた）

出典：朝日新聞デジタル「コンビニ24時間営業「必要なし」62％　朝日世論調査」（2019年3月18日）
<https://www.asahi.com/articles/ASM3L533PM3LUZPS00B.html>（参照2019年4月20日）

3. 理解問題

1）前ページの世論調査の概要について、下の（　）に記入しなさい。

調査日　　　（　　　　　　　）　調査主体　（　　　　　　　　　　）

対象者　　　（　　　　　　　）　調査方法　（　　　　　　　　　　）

有効回答数（　　　　　　　）　有効回答率（　　　　　　　　　　）

2）前ページの世論調査では、コンビニの24時間営業について「必要」が29％、「必要ではない」が62％と大きな差がついた。この結果についてあなたはどう思うか。

_____

_____

_____

3）調査結果には年代別で差がある。その要因としてどのようなことが考えられるか、あなたの考えを書きなさい。

_____

_____

_____

V 数値の説明に使われる文型や表現
すうち

1. 数量を表す
すうりょう あらわ

～が	～より	多い／少ない
	～を	上回る／下回る
	～に	なる／達する／及ぶ／上る／満たない
	～を	切る／割る／超える／占める

・支出が収入を上回っている。
ししゅつ しゅうにゅう
・町の人口が１万人になった。
・貯金が20万円に達した。
ちょきん
・学生数が10人に満たない。
すう
・学生数が500人を切った。
・人口が60億人を超えた。
おくにん
・高齢者が人口の３割を占めている。
こうれいしゃ わり

2. 変化を表す
へんか あらわ

～が	急激に きゅうげき	増加する／減少する ぞうか げんしょう
	大幅に おおはば	拡大する／縮小する かくだい しゅくしょう
	緩やかに ゆる	上昇する／低下する じょうしょう ていか
	徐々に じょじょ	上向く／下向く うわむ したむ
	～傾向にある けいこう	

・観光客が急激に減少した。
かんこうきゃく
・市街地が大幅に拡大している。
しがいち
・出生率が緩やかに低下している。
しゅっしょうりつ
・景気が徐々に上向いてきた。
けいき
・交通事故が増加傾向にある。
こうつうじこ

～の	伸びが の	大きい／小さい
	増え方が かた	激しい／著しい はげ いちじる
	増加率が ぞうかりつ	鈍い／鈍化する にぶ どんか

・貿易黒字の伸びが著しい。
ぼうえき

・人口の増加率が鈍化した。

3. 判断や評価を述べる
はんだん ひょうか の

| このことから | ～が | 分かる／うかがえる／明らかである |
| 以上のことから | ～と | 言える／考えられる |

| この結果は | ～を | 示している |

VI 課題 ✏

　下は、内閣府による「青少年のインターネットの利用環境実態調査」のインターネット利用時間に関する部分である。①、②のそれぞれのグラフであなたが注目する点とそこから分かることを書きなさい。

① **青少年のインターネットの利用時間（利用機器の合計／平日１日あたり）**

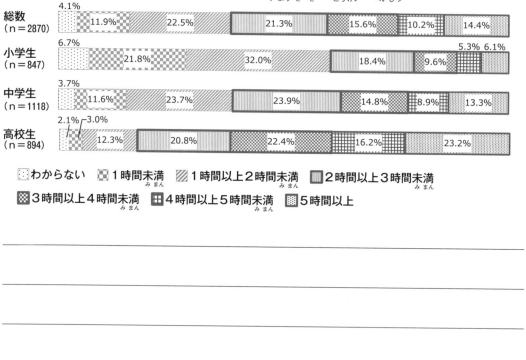

```
総数        4.1%
(n=2870)      11.9%    22.5%       21.3%      15.6%    10.2%   14.4%

小学生       6.7%                                         5.3% 6.1%
(n=847)       21.8%         32.0%            18.4%    9.6%

中学生       3.7%
(n=1118)     11.6%     23.7%        23.9%     14.8%   8.9%   13.3%

高校生       2.1%─3.0%
(n=894)     12.3%   20.8%       22.4%      16.2%     23.2%
```

::: わからない　::: １時間未満　::: １時間以上２時間未満　::: ２時間以上３時間未満
::: ３時間以上４時間未満　::: ４時間以上５時間未満　::: ５時間以上

_____

_____

_____

_____

② **目的ごとの青少年のインターネットの利用時間（利用機器の合計／平日１日あたり）**

勉強・学習・知育（n＝1706）

4.3%　1.2%　0.2%　0.5%

| 73.6% | 20.2% | | |

趣味・娯楽（n＝2594）

4.0%　5.0%

| 26.7% | 33.9% | 21.0% | 9.4% | |

保護者・友人等とのコミュニケーション（n＝1926）

7.0%　3.1%　0.9%　1.5%

| 62.7% | 24.8% | | |

上記以外（N＝563）

4.3%　1.8%　0.4%

| 82.1% | 11.4% | | | −0.2%

- ⬚ １時間未満　▨ １時間以上２時間未満　▦ ２時間以上３時間未満
- ▨ ３時間以上４時間未満　⊞ ４時間以上５時間未満　▧ ５時間以上

調査概要

```
・調査主体    内閣府
・調査期間    2018年11月8日〜12月9日
・対象者      10歳〜17歳の青少年（5,000人）、左記の対象者と同居する保護者（5,000
             人）、０歳〜９歳の子供の同居の保護者（3,000人）
・調査方法    調査員による個別面接聴取法*
             上の方法で難しい場合のみ、ＷＥＢや郵便での回答
・回収率      青少年61.6％、青少年の保護者68.9％、子供の保護者75.8％
             ただし、グラフ①②に関しては、青少年の保護者の回答はない。
```

＊　個別面接聴取法：対象者に会って質問して調査する方法

出典：内閣府「平成30年度　青少年のインターネット利用環境実態調査　調査結果（速報）（平成31年
　　　2月）」＜https：//www8.cao.go.jp/youth/youth-harm/chousa/h30/net-jittai/pdf/sokuhou.pdf＞
　　　（参照2019年3月5日）

Ⅰ　課の目的

　レポートでは事柄の説明や主張の裏付けなどのために参考文献や関連資料からの引用が行われる。ただし、引用はその文章の中ではあくまでも補助的なもので、引用が大部分を占める文章はレポートとして認められない。引用を行う場合、引用部分と自分の考えとをきちんと区別して書くことも重要である。また、引用部分の出典も必ず示さなければならない。この課ではレポート作成に必要な引用の方法について学ぼう。

Ⅱ　引用文の書き方

　第Ⅰ部第5課で学習したように、引用には「直接引用」と「間接引用」の二つがある。

- 　・直接引用―本や資料の言葉をそのまま「　」に入れて引用する。→次の1、2
- 　・間接引用―本や資料の内容を言い換えたり要約したりして引用する。→次の3

以下、それぞれについて詳しく見ていこう。なお、例文には[1]のような出典を示す番号をつけた。番号の位置にも注目しよう。

→参考文献の示し方についてはこの課のⅣを参照。

1．直接引用①―「　」を使った引用

　原文の言葉や文をそのまま伝えたいときに、その部分を「　」に入れて引用する。

> ・〜は「　」と　述べる／説明する／指摘する／示す。
> ・「　」という　意見／批判／説明／声　がある。

　例・環境省の資料では、「日本の人口一人あたりのプラスチック容器包装の廃棄量は米国に次いで多い」と指摘されている[1]。
　　・コンビニでは人手不足のために店主が長時間働いており、「店主の多くは精神的、肉体的、経済的にも限界に達している」という声もある[1]。

2．直接引用②―ブロック引用

　資料から長く直接引用する場合は、「　」は使わず独立した段落で示す。この場合、引用部分の文頭を1〜2文字分空けて他の部分と区別できるように書く。長い引用の場合は、下線部分のように、引用部分についての要約や説明を加えるようにする。

私たちは「ドアの前」、「私の右」のように「前」や「右」のような言葉を使ってあるものの位置を表す。ところが世界には「前」「後ろ」「右」「左」に相当する言葉がない言語が存在するという。そのような言語を使っている人たちはどのように位置を伝えるのだろうか。今井（2010）には、すべての位置関係を「東」「西」「南」「北」によって表すというオーストラリアのグーグ・イミディル語の例が紹介されている。

　　　私たちが「ボールは木の前にある」とか「リモコンはテレビの左にある」と言うとき、この言語の話者は「ボールは木の南にある」とか「リモコンはテレビの西にある」とか言うわけである。そもそもこの言語では、話者を中心とした相対的な視点でモノの位置関係を表すということをまったくしないそうである[1]。

私たちが「ドアの前」の「ドア」のようにその時に手がかりになるものを挙げてそれによって位置を表しているのに対して、上のグーグ・イミディル語の場合は方位という絶対的な方法で位置を表しているのが、大変興味深い。
　参考文献　今井むつみ（2010）『ことばと思考』岩波新書49頁

3．間接引用
　資料の内容を分かりやすく言い換えて自分の文章に組み込む。この場合は「　　」は付けないが、下のような引用表現によって引用であることを示す。引用したい部分が長い場合は、要約や箇条書きによってできるだけ簡潔に示すようにしよう。

> ・～は　　　　　　～と　述べる／指摘する／示す。
> ・～によると、　～と　いう。
> ・～という　意見／報告／指摘　がある。

例・新聞によると、欧州連合（ＥＵ）の欧州議会は使い捨てプラスチック製品の流通を禁止する法案を可決した。今後それぞれの加盟国で承認されれば、2021年には流通禁止が実施されるという[1]。　　【記事の内容を二つの文に要約】
・プラごみから生じるマイクロプラスチックが、魚の体内だけではなく、日本・イギリス・ロシアなど8か国の人の便からも共通して見つかったという研究報告[2]は、人々に衝撃を与えた。　　【内容を「～という＋名詞」の形に要約】

・A社はプラスチックごみを減らすために次のような取り組みを始めている[3]。

　　1）社内での使い捨てプラスチックの使用禁止
　　2）再利用できる容器の使用
　　3）リサイクル可能な素材の開発　　　　　　　　　【箇条書きで簡潔に列挙】

Ⅲ　引用の実際

1．どんなときに直接引用を使うか

① **特別な造語や定義など、言葉の使い方もふくめて正確に伝える必要があるとき**

　　例・鈴木・松沢（1997）は「道具」について「ある目的達成のために使用される身
　　　体以外の物体」とした上で、「道具を使用する行動は、社会の中で経験を通じ
　　　て獲得され、世代を越えて伝播する」と定義している。

② **発言者や著者の言葉をそのまま示すほうが効果的であると判断したとき**

　　例・サウンドハグを使って音楽を楽しんだ男性は「今日はまったく違った。音楽は
　　　気持ちが明るくなるもの。もっとコンサートに行ってみたい」と話している。

③ **原文の言い換えや要約が難しいとき**

　　90ページのⅡの2「直接引用②—ブロック引用」参照

2．引用部分をどのように自分の文章に組み込むか

　　ここでは、ロボット開発についてのレポートを想定して、どのように原文からの引
用を短く効果的に自分の文章に組み込んでいけるか、考えてみよう。

1）引用の目的

レポートの

　筆者

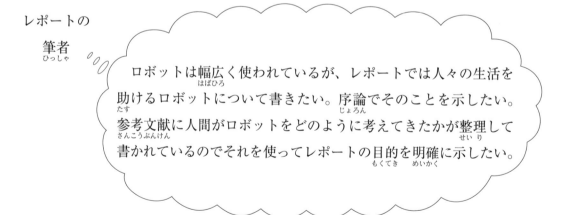

ロボットは幅広く使われているが、レポートでは人々の生活を
助けるロボットについて書きたい。序論でそのことを示したい。
参考文献に人間がロボットをどのように考えてきたかが整理して
書かれているのでそれを使ってレポートの目的を明確に示したい。

参考文献　長田正（2005）『ロボットは人間になれるか』ＰＨＰ新書

　　人間にとってロボットはいったいどのような存在なのであろうか。われわれ人間はロボットをどう取り扱い、ロボットとどのように付き合うべきであろうか。この問いに対する答え、ないし立場は大きく分けて三つある。

　　第一は、ロボットをあくまでわれわれの生活を支援する道具と考える立場である。第二は、ロボットを夢や憧れの対象と見る立場であり、第三は、人間そのものを研究するための材料と位置づける立場である。

(長田2005 pp. 16-17)

2）上の文章から引用して、レポートの目的を書く

引用文例A（太字が引用部分）

　　現在、私たちの生活のいろいろな場面でロボットが利用されている。長田（2005）は、「**われわれ人間はロボットをどう取り扱い、ロボットとどのように付き合うべきであろうか。この問いに対する答え、ないし立場は大きく分けて三つある**」という。それは「**第一は、ロボットをあくまでわれわれの生活を支援する道具と考える立場である。第二は、ロボットを夢や憧れの対象と見る立場であり、第三は、人間そのものを研究するための材料と位置づける立場である**」と書いている。本レポートでは、第一の「**われわれの生活を支援する道具**」のロボットの開発の歴史について調べてみたい。

　　上の引用文は直接引用が長すぎるし、文章のつながりもよくない。

3）直接引用の部分をもう少し整理する

引用文例B

　　現在、私たちの生活のいろいろな場面でロボットが利用されている。長田（2005）は人間のロボットに対するとらえ方として、「**われわれの生活を支援する道具と考える**」、「**夢や憧れの対象と見る**」、「**人間そのものを研究するための材料と位置づける**」の三つを挙げている。本レポートでは、この三つのうち、一つ目の立場から見たロボットの開発の歴史について調べてみたい。

4）引用部分を名詞に変えてさらにすっきりとした文章に

・名詞にした部分に下線を引いて確認しよう。

・名詞化により前の部分の助詞が変わっていることにも注意しよう。

引用文例C

現在、私たちの生活のいろいろな場面でロボットが利用されている。長田（2005）によると、人間のロボットに対するとらえかたには、生活支援の道具、夢や憧れの対象、人間研究のための材料という三つの立場があるという。本レポートでは、一つ目の生活支援の道具としてのロボットを取り上げ、その開発の歴史について調べてみたい。

★引用するときは、引用部分を最小限にし、引用部分が自分の文章の中で文法的に正しくつながるように組み込もう。

3．長い文章をどのように要約して引用するか

ひとまとまりの長い文章を引用したいときは要約して引用する。ここでは、第Ⅰ部第2課の「発電床」の文章を例に、要約による引用を実際に行ってみよう。

＜もとの文章＞

新聞の報道によると、人や自転車が通った振動で電気を生み出す「発電床」がブラジルで話題になっている。日本の会社の開発によるもので、ブラジル南部のクリチバ市に試験的に導入され、市役所前の歩道や自転車専用道などに設置された。歩道では、体重60キロの人の場合、2歩で0.1〜0.3ワットの発電が可能で、その電気でLEDのフットライトがつく。環境に優しい発電技術として、現地でも評判になっているという。

上の文章をさらに短く要約してみる。

要約では基本的な情報だけを取り出し、自分で短く書き直す。

① 次のページに引用例を示す。太字部分が要約して引用した部分である。下線部分に適切な言葉を入れて文章を完成させ、もとの文章と比べてみよう。

② 引用を行うときは、その引用で何を示したいのかという書き手の目的や意図をきちんと示す必要がある。ここでは、引用部分の前の導入文や引用後の筆者のコメントにも注目しよう。

＜要約による引用の例＞

> 新聞に「発電床」という装置が紹介されている。発電床とは＿＿＿＿＿＿＿＿
> ＿＿＿＿＿＿＿＿によって電気を発生させる装置で、その電気は＿＿＿＿＿＿
> ＿＿＿＿＿＿＿＿などに使われる。この装置は日本の会社によって開発されたもので、
> 現在＿＿＿＿＿＿＿＿＿＿＿＿＿＿で試用されて話題になっているという。人
> 間の通常の行動でエネルギーを使わずに発電を行い、それが実際の役に立つとい
> うのはすばらしいことだと思う。

＜要約の手順＞

以下に要約の手順を示す。後の「Ⅴ　課題」で要約を実際に行ってみよう。

① 文章をよく読んで、基本的な内容を理解する。

② 説明に欠かせない言葉（キーワード）だけを探し、下線を引く。

③ キーワードを中心に自分で短い文章を作る。

④ 書いたあとで原文と照らし合わせ、重要な間違いがあれば直す。
   （そのときに細かい部分を書き加える必要はない）

Ⅳ　レポートにおける参考文献の示し方

1. 資料の出典の示し方

　資料や文献を引用した場合、以下ａ、ｂのどちらかの方法でその出典を示す。どちらもレポートを読む人が引用の出典について素早く確認できるようにするためである。

ａ. 文中では引用部分に文献番号をつけ、最後の文献リストに番号順に並べて書く。
　→第11課のレポート例を参照

ｂ. 文中では「今井（2010）」のように著者名と出版年で出典を示し、最後の文献リストには著者名のアイウエオ順に並べて書く。著者名は姓だけでよい。

例　・今井（2010）‥‥‥‥
　　・環境省（2018）‥‥‥‥　（アイウエオ順）
　　・長田（2000）‥‥‥‥

2. 参考文献リストの書き方

　レポートの最後に参考文献のリストを必ず付ける。参考文献リストは、上の1で述べたように2種類の並べ方があるが、どちらも書き出すべき情報は共通している。

下に、参考文献リストの書き方の例を示す。なお、「出版年」「出版社」などの項目の順序、「　　」『　　』などの記号の有無、雑誌の号やページの書き方などについては専門分野によって少し違いがある。書き方で迷った場合は、担当の教員に確認しよう。

1）本や雑誌など紙媒体の資料

① 本

［著者名］［出版年］［書名］［出版社］

例・大石不二夫（1997）『図解プラスチックの話』日本実業出版社

② 雑誌論文

［著者名］［発行年］［論文名］［雑誌名］［巻／号］［頁］

例・山口いつ子（2002）「デフォルトとしての思想の自由市場」『法律時報』74(1), 16-22

③ 新聞記事

［新聞名］［発行日］［記事の種類／タイトル］

例・朝日新聞2019年8月15日朝刊「社説」

2）インターネットで入手した資料

① 雑誌論文

［著者名］［出版年］［論文名］［電子雑誌の題］［ＵＲＬ］［アクセス日］

例・浅川薫（2010）「容器包装プラスチックリサイクルの現状」『廃棄物資源循環学会誌』21-5, pp.300–308 <https://www.jstage.jst.go.jp/article/mcwmr/21/5/21_300/_pdf/-char/ja>（参照 2019/3/25）

② 官公庁・研究機関・企業・団体などのサイトから得た情報

（以下に、調査データ、ホームページ上の説明、新聞電子版の例を示す）

［サイト名］［タイトル］［発表日］［ＵＲＬ］［アクセス日］

例・日本フランチャイズ協会ホームページ「コンビニエンスストア統計調査月報2019年6月度」（2019/7/22）<https://www.jfa-fc.or.jp/particle/320.html>（参照2019/7/27）

例・川崎市役所ホームページ「外国人市民代表者会議とは」（2017/12/12）<http://www.city.kawasaki.jp/250/page/0000041052.html>（参照 2019/4/14）

例・朝日新聞デジタル「コンビニ24時間営業「必要」なし62％　朝日世論調査」（2019/3/18）<https://www.asahi.com/articles/ASM3L533PM3LUZPS00B.html>（参照2019/4/20）

★紙媒体と異なり、インターネット上の資料は書き換えや削除が行われることがあるので、参照日（アクセス日）を必ず記載する。

練習1　日本語の本では、末尾の「奥付」に本に関する情報が書いてある。下の奥付
　　　の例から必要な情報を探し、参考文献リストに載せる形で書きなさい。

奥付の例

新しい日本語学入門　ことばのしくみを考える　第2版

2001 年 2 月 26 日	初　版第 1 刷発行	
2012 年 4 月 2 日	第 2 版第 1 刷発行	
2019 年 2 月 1 日	第 2 版第 8 刷発行	

著　者　庵　功雄
発行者　藤嵜政子
発　行　株式会社スリーエーネットワーク
　　　　〒102-0083　東京都千代田区麹町 3 丁目 4 番
　　　　　　　　　　トラスティ麹町ビル 2 F
　　　　電話　営業　03（5275）2722
　　　　　　　編集　03（5275）2725
　　　　https://www.3anet.co.jp/
印　刷　モリモト印刷株式会社

練習2　自分の関心のある話題についてインターネットで資料を探し、前の参考文献
　　　リストの書き方にならって資料の出典を書き出しなさい。

Ⅴ　課題 🖉
かだい

　新聞の投書欄から興味のある投書を一つ選び、下のような構造で投書の要点を紹介
とうしょらん　きょうみ　　とうしょ　えら　　　　　　こうぞう　ようてん　しょうかい
する文章を書いてみよう。

<書き方>

　①　始めにその投書の出所と話題を提示する。
でどころ　ていじ

　②　投書の内容を2〜3文で要約して紹介する。
ようやく　しょうかい

　③　自分の意見や感想を加える。
くわ

　④　最後に、投書の出典を示す。
しゅってん

<例>

```
　　　4月1日の東京新聞に・・・の問題についての投書が載っている。　　──①資料の提示
　　　　　　　　　　　　　　　　　　　　とうしょ　の　　　　　　　　　　　しりょう　ていじ
投稿者は東京に住む20代の学生で、・・・・・・・・・・・・・・・・・・・
とうこうしゃ
・・・・・・・・・・・・・・・・・・・・・・・・・・・・・・・・・・・。　　②要約引用
　　　　　　　　　　　　　　　　　　　　　　　　　　　　　　　　　　ようやくいんよう
　その学生は・・・・・・・・・・・・・・・・・・・・・・・・・・・・・
・・・・・・・・・・・・・・・・・・・・・・・・・・・・・と述べている。
　　　　　　　　　　　　　　　　　　　　　　　　　　の
　　　私は・・・・・・・・・・・・・・・・・・・・・・・・・・・・・・・　　③自分の意見
・・・・・・・・・・・・・・・・・・・・・・・・・・・と思う。

　　　　　　　　　　　　　　　　　　　東京新聞2019年4月1日投書欄　　──④出典
　　　　　　　　　　　　　　　　　　　　　　　　　　　　　　　　　　しゅってん
```

第11課　レポートの作成
さくせい

I　課の目的

　これまで論理的な文章の書き方や、資料の利用や引用の方法について学んできた。
ろんりてき
この課ではこれまでの学習のまとめとして、レポートの構成やレポート作成のプロセ
こうせい　　　　　　さくせい
スについて学ぼう。課の最後に、今後のレポート作成の参考のためにレポート例を示す。
さんこう

II　レポートとはなにか

1．レポートの目的

　学生の書くレポートは、担当の教員に自分の学習の経過と結果を伝えるものである。
たんとう　　　　　　　　　　　　　けいか　けっか　つた
教師は「学生が与えられた課題についてどれだけ学習・調査・研究したか、またそれ
きょうし　　あた　　　　かだい
をどれだけ正確にレポートにまとめたか」を見る。自分自身が興味を持てるテーマを
せいかく　　　　　　　　　　　　　　　　　　　　　　　　　きょうみ
選び、講義ノート・教科書・参考書・資料などをよく読み、内容を十分理解した上で
えら　こうぎ　　　きょうかしょ　さんこうしょ
書くようにしよう。

2．大学生のレポートの主なタイプ

　大学入学後に書く可能性のあるレポートには次のようなタイプがある。この課では、
かのうせい
①の学習レポートを例に、その作成のプロセスを見ていく。
さくせい
　　①　**学習レポート**—あるテーマについて参考文献や資料などによって詳しく調べ、
　　　　　　　　　　　　　　　　さんこうぶんけん　　　　　　　くわ　しら
　　　　　　　　　　　自分自身の考察も加えて説明する
　　　　　　　　　　　　　　こうさつ　くわ
　　②　**論説レポート**—ある問題についての自分の主張・見解・考察などを、客観的な
　　　　ろんせつ　　　　　　　　　　　　　　　　しゅちょう　けんかい　こうさつ　　　きゃっかんてき
　　　　　　　　　　　根拠を示しながら、論理的に述べる
　　　　　　　　　　　こんきょ　　　　　　ろんりてき
　　③　**調査レポート**—ある問題に関してインタビュー・アンケート調査・現地調査・
　　　　ちょうさ　　　　　　　　　　　　　かん　　　　　　　　　　　　　　　　　げんちょうさ
　　　　　　　　　　　文献調査などを行い、その結果と自分の考察を述べる
　　　　　　　　　　　ぶんけんちょうさ
　　④　**実験レポート**—実験の方法や結果について報告する
　　　　じっけん　　　　　　　　　　　　　　　　　ほうこく

3．よいレポートとは—レポート評価の観点
ひょうか　かんてん

　よいレポートの条件として以下の点が挙げられる。レポート作成中もこれらの点を
じょうけん　　　　　　　　　あ　　　　　　　　さくせいちゅう
自分自身でチェックしながらよりよいレポートにしていこう。
　　①　**内容、長さ、形式などが与えられた課題に合っているか。**
　　　　　　　けいしき　　あた　　　かだい
　　②　**問題意識を持ち、自分自身の考察を行っているか。**
　　　　　　いしき
　　③　**文章が正確で分かりやすく、かつ論理的な展開で書かれているか。**
　　　　　　せいかく　　　　　　　　　　ろんりてき　てんかい

④　参考文献や資料を適切に使って述べているか。出典を明確に示しているか。

Ⅲ　レポートの構成

　レポートの基本的な構成は「序論・本論・結論」である。それぞれの部分の役割を意識しながら書こう。なお、長いレポートや論文の場合、最初に要旨またはアウトラインをつけることもある。ここではレポートの基本的な構成を見てみよう。

＜レポートの構成＞

題

序論	［背景説明、用語の説明、問題提起、レポートの目的、など］
本論	［テーマについての説明、考察、意見、など］
結論	［本論のまとめ、今後の課題、など］

参考文献リスト	→第Ⅱ部第10課Ⅳ「レポートにおける参考文献の示し方」参照

Ⅳ　レポート作成のプロセス

1．レポート課題

　下のような課題を想定して、レポートの構想から完成までのプロセスを見ていこう。

・課題	自分が関心のある社会的な問題を一つ選び、複数の資料を使って問題の状況や社会全体や人々の対応などについて説明し、自分の考察も加える。
・長さ	Ａ４で３〜４枚（3000字〜4000字）
・参考文献	文中で引用部分に文献番号をつけ、最後に参考文献リストをつけること

2．レポート作成の準備

　レポートは思いついてすぐ書けるものではない。時間を十分とってプロセスを楽しみながら書いていこう。

| テーマをさがす | 講義の内容、新聞、インターネット、テレビ番組、友人との会話などで関心を持った話題のなかから、今回のレポートではプラスチックごみの問題について取り上げることにする。 |

| 疑問を書き出す | まずは、自分が知りたいことをできるだけ書き出してみる。 |

・プラスチックごみはどのくらい増えているか。　　➤実態

・ごみの日に自分が出したプラスチックごみの

　行方は？

・プラスチックの種類によって処理方法は異な　　➤処理の

　るのか。　　　　　　　　　　　　　　　　　　　状況

　全部燃やされる？　再利用される場合もある？

・プラスチックごみを減らすためにどうしたら　　➤方策

　よいのか。

　日本や国外でどんなことが行われているか。

　個人でできることはあるか。

| テーマを絞る | プラスチックごみについてのいくつかの資料を読み、特にどんな点に焦点をあてて書くか、テーマを絞っていく |

プラスチックごみ

容器包装プラスチックごみ

容器包装プラスチックごみのリサイクル

容器包装プラスチックごみの現状と減少への取り組み

・上は仮の題で、内容に合わせて最後に修正する。

・以下、「容器包装プラスチックごみ」を「容器プラごみ」と略す。

| 知りたいことを
書き出す | ●容器プラごみに関して、どんな問題が起こっているか。
・プラスチックごみは、現在どのように分類されているか。
・容器プラごみはどのくらい排出されているのか。 |

●容器プラごみは、どこまでリサイクルが可能なのか。

・容器プラごみはどのように処理されているのか。

　再利用はどの程度されるのか。

・容器プラごみのリサイクルはどんな方法で行われているか。

・プラスチックごみの燃焼によるダイオキシンの発生は、解

　決したのか。

●容器プラごみを減らすために、どんなことが行われているか。

・日本の国や自治体での取り組みはどうか。海外ではどうか。

・一般の市民ができることは何か。

●自分の意見・提案

・容器プラごみを減らすために、生活の中で工夫できること

・国や行政への要望

・レポート作成の過程で自分が学んだこと

| 資料集め
学習 | ・最初に見た資料に加え、上の疑問に答えるような統計資料、
　自治体の広報資料、新聞記事、インターネットの記事など
　を探す。資料の出典（インターネットの場合はサイト名・
　発表日・ＵＲＬなど）を必ずメモしておく。
・集めた資料を批判的に読み、問題についての理解を深める。 |

| 資料の整理 | ・集めた資料からレポートに使えそうなものを選び、どの資
　料をどの部分にどんな目的で使うか考える。
・資料からどの部分を引用するかを決め、その部分をマーク
　しておく。 |

アウトライン の作成（さくせい）	容器包装（ようきほうそう）プラスチックごみの現状（げんじょう）と減少（げんしょう）への取（と）り組（く）み 1．はじめに 2．容器プラごみの現状（げんじょう） 　2.1　容器プラごみとは 　2.2　日本における処理（しょり）の現状（げんじょう） 3．容器プラごみを減らすための国や企業（きぎょう）の取（と）り組（く）み 4．普段（ふだん）の生活のなかでできること 5．おわりに 参考文献（さんこうぶんけん）

3．原稿作成（げんこうさくせい）から完成（かんせい）まで

原稿の作成	・アウトラインと照（て）らし合（あ）わせながら原稿を書く。必要なら 　アウトラインを見直（みなお）し、自分の書きたい構成（こうせい）にしていく。 ・資料が不十分な場合は資料を補充（ほじゅう）し、できるだけ客観的（きゃっかんてき）な 　資料に基（もと）づいて書くようにする。
原稿の見直し	・読み手の立場から原稿を見直す。特に下の点に注意する。 ［内容（ないよう）］・レポートの題と内容が合（あ）っているか。 　　　　　・全体の内容が首尾一貫（しゅびいっかん）しているか。 ［引用（いんよう）］・引用をきちんと示（しめ）しているか。 　　　　　・参考文献（さんこうぶんけん）リストの書き方は適切（てきせつ）か。 　　　　　・注番号（ちゅうばんごう）と参考文献リストは合（あ）っているか。 ［文章（ぶんしょう）］・段落（だんらく）が適切（てきせつ）に分けられているか。 　　　　　・文のねじれがないか。 　　　　　・文体が「である体」で統一（とういつ）されているか。 　　　　　・文字の表記（ひょうき）、句読点（くとうてん）、文法（ぶんぽう）などの間違（まちが）いはないか。
仕上げ	・表紙（ひょうし）（題（だい）、学科、学生番号、氏名（しめい）、提出年月日（ていしゅつねんがっぴ）、指導教員（しどうきょういん） 　名（めい）などを明記（めいき））をつけて提出（ていしゅつ）する。

V　課題 ✏️

　Ⅳの「1.レポート課題」に従い、興味のある話題を選び、「2.レポート作成の準備」のプロセスに沿ってアウトラインの案を考えてみよう。

興味のある話題

テーマの絞り込み

_____ → _____ → _____

テーマについて知りたいこと　　　　　　　必要な資料

→	
→	
→	
→	

アウトラインの案

> 　次のレポート例は、Ⅳのプロセスに沿って実際に作成したものである。レポートの構成、見出しの付け方、文中の表現、資料の使い方、図表の示し方、参考文献リストの書き方など、レポート作成のヒントがいろいろ含まれている。各自の参考にしてほしい。

容器包装プラスチックごみの現状と減少への取り組み

1. はじめに

　プラスチックの大量生産が始まったのは1950年代だと言われている[1]。それから
わずか60年あまりで、プラスチックは私たちの生活に欠かせないものになった。テ
レビ・パソコン・自動車・食品の包装から、ビニールハウスや魚網などの農水産業な
どまであらゆるところにプラスチックが使われている。

　しかし、近年増え続けるプラスチックごみ（以下、プラごみ）が世界中で大きな問
題になっている。Geyerら（2017）によると、2015年までに世界全体でおよそ63億
トンのプラごみが排出されており、それらのうちでリサイクルされたのはわずか9％
で、12％が焼却され、残りの79％は埋め立てられたり捨てられたりしているという[2]。
プラスチックは有機的に分解されることはなく地球上に蓄積される。また、川や海に
流出したプラごみによる海洋汚染も注目されている。プラごみの問題は私たち一人一
人の日常生活に直結する問題である。

　本レポートでは、家庭から出るプラごみの80％を占める[3]と言われる容器包装プ
ラスチックごみ（以下、容器プラごみ）の処理の現状や減少のための対策について調
べ、容器プラごみを減らすために私たちが普段の生活の中でどんなことができるか考
えたい。

2. 容器包装プラスチックごみの現状
2.1 容器包装プラスチックごみとは

　「容器包装プラスチックごみ」とは、中身を使ったあとに不用となるプラスチック
製の容器や包装用のラップなどを指す。カップ麺などの容器、マヨネーズやシャンプー
などのボトル、菓子などの袋、レジ袋など様々なものが含まれる。

　日本ではペットボトルは容器プラごみとは区別され、独自に回収が行われている。
また、肉や魚などの包装に使われる発泡スチロール製の白いトレイ（以下、白色トレ
イ）も単一素材のため再商品化しやすく、独自に処理されている。しかし、その他の
容器プラごみは、材料となるプラスチックの種類が多様で、着色や印刷がされたもの、
汚れたもの、異物なども混じっているため、ペットボトルや白色トレイに比べてリサ
イクルに大きな制約があるという[4]。

２.２ 日本における容器包装プラスチックごみの処理

　では、容器プラごみはどのように処理されているのか。日本では2000年から容器プラごみリサイクルが自治体や企業に義務付けられるようになった。2018年度の統計では、全国の家庭から出た容器プラごみは129.2万トンと推計されている。それらは市町村による回収・選別を経て、全排出量の約50％にあたる64.7万トンが再商品化事業者によってリサイクルされている。一方、分別収集に出されなかったものや収集後に汚れなどのために他のごみとともに焼却、埋め立てなどに回されたものも、家庭からの排出量の約50％に及ぶ[5]（図１）。

図１　容器プラごみの排出量とリサイクル量（2018年度）

日本容器包装リサイクル協会「プラスチック製容器包装　リサイクルのゆくえ（平成30年度）」より作成

　図１で示した容器プラごみのリサイクルには「材料リサイクル」と「ケミカルリサイクル」がある。それぞれのリサイクルの方法、用途、全国および札幌市における比率を表１に示す。

表１　容器プラごみのリサイクル方法とその比率

リサイクルの種類	用途	全国（2017年）[*1]	札幌市（2017年）[*2]
材料リサイクル	溶かして、もう一度プラスチック原料やプラスチック製品に再生	約36％	約30％
ケミカルリサイクル	化学的に分解するなどして、コークス炉化学原料や合成ガスの原料に再生	約64％	約70％

出典　*1　日本容器包装リサイクル協会「容器包装リサイクル制度について」（特定事業者向け平成30年度容器包装リサイクル制度説明会資料）p.47
　　　　　　<https：//www.jcpra.or.jp/Portals/0/resource/manufacture/text/seido-h30.pdf>（参照2019/9/20）
　　　*2　札幌市環境局環境事業部循環型社会推進課（2018）『平成30年度清掃事業概要』p.141

　筆者の住んでいる札幌市についてみると、2017年度に一般の家庭から収集された容器プラごみは29.262トンで、人口一人あたり約14.9キロになる[6]。

なお、産業廃棄物も含めた国内のプラごみ全体では、熱利用や発電のような「燃料リサイクル」が6割近くを占めているという[7]。容器プラごみについても分別収集を止めて、燃やせるごみとして発電や熱利用に回すべきだという意見も聞くが、地球環境への影響も考慮する必要がある。まず私たちがやるべきことは、身近なプラスチックごみをできるだけ減らすことであろう。

3. プラスチックごみを減らすための様々な取り組み

現在、プラごみの削減やリサイクルの推進に向けて世界中で様々な活動が行われている。2018年には、先進7カ国首脳会議（G7サミット）で「海洋プラスチック憲章」が採択された。憲章では、プラごみによる環境汚染と温室効果ガスの放出を抑えるため、持続可能な生産、回収システム、教育、技術革新など多方面にわたる取り組みを宣言している。例えば以下のような目標が挙げられている[8]。

・2030年までに、100％のプラスチックがリユース、リサイクル、また他に有効な選択肢がない場合は回収可能となるよう産業界と協力する。

・2030年までにプラスチック包装の少なくとも55％をリサイクルおよびリユースする。

また、EUを中心として使い捨てプラスチックへの対策が広がっている。コカ・コーラ、マクドナルド、スターバックス、アディダスなどのグローバル企業も、使い捨てプラスチック利用の削減に加え、リサイクル可能な素材の開発などの取り組みを始めている。また、世界中でレジ袋に関する規制が広がっている。2018年に発表された国連環境プログラムの資料によると、中国、インドネシアなどをはじめ29の国・地域でレジ袋の有料化・課税が導入され、アフリカ24カ国を含む40以上の国でレジ袋の製造・販売・使用等が禁止されているという[9]。日本でもレジ袋の有料化が広がっているが、さらに一般の店舗やデパートなどでもプラスチック袋を減らすことが求められる。

近年、マスコミやインターネットでプラごみ削減に関する様々な情報が発信されている。例えば、IDEAS FOR GOODというサイトでは、海洋ごみの大量排出国であるインドネシアのスラバヤ市でのユニークな活動が紹介されている[10]。スラバヤでは住民のリサイクルを促すために、使用済みのペットボトルと引き換えに無料で市内のバスに乗車できるという取り組みを始めた。プラスチックカップ10個またはペットボトル5個で、2時間有効の乗車券と交換でき、この活動により1ヶ月で約7.5トンものペットボトルを回収できるという。また、毎日新聞にはオランダのアムステルダ

ム市内の運河で行われている「ごみ釣りツアー」が紹介されている。ツアーに使うボートはペットボトル8000本で作ったもので、運河で釣ったプラごみもプラスチックのオフィス家具に加工し販売するという[11]。

　日本でも以前から環境問題に積極的に取り組んでいる企業がある。詰め替え可能の商品によってプラスチック容器を減らす工夫や、プラごみ問題での消費者への啓発も積極的に行っており、そうした企業への人々の支持も広がっている。企業やＮＧＯ、市民による創意あふれた取り組みがインターネットで発信されることによって、人々の関心が高まることが期待される。

4．普段の生活のなかでできること

　前章では、プラスチック容器・包装を含むプラごみを減らすための様々な対策について見たが、私たち自身もプラごみを増やさないような生活に切り替える必要がある。まずできるのは、レジ袋や使い捨てプラスチックをできるだけ使わないようにすることである。買い物用の袋を常に持ち歩くことや、食品を覆うラップの代わりに繰り返し使えるふたを使うなど、普段の生活でできることはいろいろある。

　それに加えて、再利用やリサイクルをしやすくするために、プラごみの中でも単一の種類で汚れなどがないものはまとめて回収できるようなシステムを提案したい。例えば、筆者はクリーニング店から受け取った不用なハンガーはできるだけ店に返すようにしているが、不用なビニールカバーについてもクリーニング店の方で回収すればかなりまとまった量になり、再商品化に回せるのではないか。実際、筆者が利用している札幌市民生協では、他のリサイクル可能なものとともに、宅配の食料品を入れるポリ袋も回収しまとめてリサイクルに回している。

　日本では古紙によるトイレットペーパーやノートなどはすでに普及しており、環境を守るために、値段が多少高くても再生紙の製品を買うという人も多い。これからは、経済性や利便性を少し犠牲にしても環境を守ることを優先するというような生活のしかたがいっそう必要になる。日本では現在、「生ごみ」「ガラス瓶」「容器プラごみ」「紙類」「大型ごみ」などの分別収集が行われている。今後、プラスチックの処理技術が進めば、再商品化がしやすいプラごみと再商品化が難しいプラごみとを分別し、効率的にリサイクルに回すようなことも実現するかもしれない。

5．おわりに

　本レポートの作成を通して、自分が捨てている容器プラごみがどこに運ばれ、どの

ように処理されているのか、リサイクルにどのような問題があるのかを知ることができた。また、プラごみを減らすために、先進国や開発途上国を問わず世界中で様々な試みが始められていることも知った。私たち消費者の意識が高まりその声が大きくなれば、プラごみの排出に関わる企業も何らかの対策を考えざるをえなくなる。2018年11月、日本の主要な銀行の一つが、核兵器を開発・製造する企業に対して融資を行わないという方針を公表したが、プラごみ問題も含む環境問題の対応についても、企業の姿勢が今まで以上に問われてくるだろう。

　今回はプラスチックごみ全体について調べることはできなかったが、産業廃棄物を含むプラごみ排出の削減やリサイクルをめぐる日本や世界の動きにこれからも注目していきたい。

参考文献

１）大石不二夫（1997）『図解プラスチックの話』日本実業出版社

２）Geyer, R. et al.（2017）Production, use, and fate of all plastics ever made. *Science Advances*, 3(7).（2017/7/19）<http://advances.sciencemag.org/content/3/7/e1700782>（参照 2018/12/10）

３）プラスチック循環利用協会「プラスチックのリサイクル20のはてな　廃プラスチックのゆくえは？」<http://www.pwmi.jp/plastics-recycle20091119/waste_plastics/index.html>（参照 2018/12/20）

４）浅川薫（2010）「容器包装プラスチックリサイクルの現状」『廃棄物資源循環学会誌』21-5, pp.300-308 <https://www.jstage.jst.go.jp/article/mcwmr/21/5/21_300/_pdf/-char/ja>

５）日本容器包装リサイクル協会「リサイクルのゆくえ　プラスチック製容器包装（平成30年度）」<https://www.jcpra.or.jp/recycle/recycling/tabid/428/index.php>（参照 2019/9/20）

６）札幌市環境局環境事業部循環型社会推進課（2018）『平成30年度清掃事業概要』p.141

７）３）と同じ

８）JEAN（Japan Environmental Action Network）「海洋プラスチック憲章（JEAN全文仮和訳（2018年6月）<http://www.jean.jp/OceanPlasticsCharter_JEANver.ProvisionalFull-textTranslation.pdf>（参照 2019/1/10）

９）環境省「プラスチックを取り巻く国内外の状況　参考資料集」（2019年2月20日）p.17<http://www.env.go.jp/council/03recycle/y0312-05/s1.pdf>（参照 2019/9/

20）（United Nations Environment Programme（2018）SINGLE-USE PLASTICS A Roadmap of Sustainability に基づき作成されたもの）

10）小田めぐみ「「はい、ペットボトルと乗車券を交換ね」インドネシアで始まった、エコな試み」（2018/11/20）IDEAS FOR GOOD <https://ideasforgood. jp/2018/11/20/indonesia-bus-ticket-plastic-bottle/>（参照2018/12/15）

11）毎日新聞2018年11月27日朝刊「プラスチック危機　運河で「ごみ釣り」」

あとがき

　2000年3月にこの教科書の初版を出版してから20年が経ちました。この間、大学や日本語学校などで多くの方々に使っていただき、作成者として大変有り難く思っております。

　この教科書では、文章表現の学習を通して日本についての背景的な知識も得られるように各課で様々な話題を取り上げてきましたが、前回の改訂版からかなり時間が経ったため、今回の新訂版ではできるだけ新しい話題や資料に差し替えました。同時に、論理的な思考の方法や大学でのレポート作成に必要な知識を実際の作業を通してしっかりと学べるように、各課の説明や練習、作文課題などを見直しました。今回の新訂版により、学生たちが日本の社会に対する視野を広げながら、大学での学習に必要な文章表現力を身につけることを願っています。

　今回の新訂版作成にあたって、関係者のみなさまにお礼を申し上げます。まず、著者らが過去に担当した日本語文章表現クラスの留学生からは、毎回の授業でたくさんの示唆を得ました。これまでの授業についての反省と、学生たちへ少しでも役に立つ教科書を届けたいという思いが、今回の新訂版作成の原動力となりました。藤女子大学の副田恵理子氏からは第Ⅱ部の資料の利用や引用に関する部分について貴重なコメントをいただきました。これまでこの教科書を使用しご意見をお寄せくださった方々、教科書への文献の掲載を許可してくださった著者、出版社、関係者の方々に心からお礼を申し上げます。スリーエーネットワークの担当者の佐野智子氏、松本昂大氏にも大変お世話になりました。あわせてお礼を申し上げます。

　私たちは大学でのアカデミック・ライティングの教育について手探りで研究と実践を続けてまいりました。そのささやかな経験をできるだけこの教科書に盛り込みました。この教科書をお使いになった皆様から、忌憚のないご意見をいただければ幸いです。

二通　信子

佐藤不二子

監修・著者
二通　信子（につう　のぶこ）
　　東京教育大学教育学部教育学科卒業、カナダ・レスブリッジ大学大学院修了（教育学修士）。
　　北海学園大学教授を経て、元東京大学日本語教育センター教授。共著に『アカデミック・ジャ
　　パニーズの挑戦』（ひつじ書房）、『留学生と日本人学生のためのレポート・論文ハンドブック』（東
　　京大学出版会）、『日本語力をつける文章読本—知的探求の新書 30 冊』（東京大学出版会）ほか。

著者
佐藤　不二子（さとう　ふじこ）
　　津田塾大学学芸学部英文科卒業。在札幌米国総領事館非常勤日本語講師、北海道大学言語文化
　　部非常勤日本語講師、国際交流基金短期派遣日本語講師（韓国高校日本語教師夏期日本語講習）、
　　国際交流基金長期派遣日本語講師（ケルン日本文化会館）、北海道大学留学生センター非常勤
　　日本語講師を経て、元札幌大学特任助教授。

装丁・本文デザイン
山田武

新訂版
留学生のための論理的な文章の書き方

2000 年 3 月 1 日	初　版第 1 刷発行
2003 年 1 月 10 日	改訂版第 1 刷発行
2020 年 2 月 4 日	新訂版第 1 刷発行
2023 年 4 月 6 日	新訂版第 4 刷発行

著　者　　二通　信子　佐藤　不二子
発行者　　藤嵜政子
発　行　　株式会社スリーエーネットワーク
　　　　　〒102-0083　東京都千代田区麹町 3 丁目 4 番
　　　　　　　　　　　トラスティ麹町ビル 2 F
　　　　　電話　営業　03（5275）2722
　　　　　　　　　編集　03（5275）2725
　　　　　https://www.3anet.co.jp/
印　刷　　三美印刷株式会社

ISBN978-4-88319-842-9　C0081

新訂版

留学生のための論理的な文章の書き方

この教科書を使う先生方へ

スリーエーネットワーク

この教科書を使う先生方へ

Ⅰ　教科書の概要

1．教科書の目的

　この教科書は、留学生のためのアカデミック・ライティングの入門書です。アカデミック・ライティングとは、大学でのレポート・論文のような学術研究の場で用いられる文章を指します。

　筆者らは学生のレポートの文章に求められる条件として、次の四つが重要であると考えています。

⑴　正確で適切な文で書かれていること

⑵　事実、自分の意見、他からの引用の三つが明確に区別されていること

⑶　思いつきをそのまま書くのではなく、分類、比較、因果関係の検討、資料による検証などによって客観的な考察を行った上で書かれていること

⑷　文章が論理的に構成されていること

　こうした文章を書くためには、語彙や文型を習得するだけではなく、論理的に考え、論理的に文章を組み立てていく態度や方法を習得しなければなりません。それがこの教科書の一番の目的です。ここで目指している論理的な思考の態度と方法は、ゼミでの口頭発表や討論、専門の文献の読み取りなど大学でのさまざまな学習場面にも役立つことと思います。

2．全体の構成

　この教科書は、第Ⅰ部、第Ⅱ部に分かれています。第Ⅰ部ではアカデミック・ライティングに必要な文体・文法・記号・引用の形式などの習得を目指します。第Ⅱ部では、1課で段落の構成を、2～8課ではそれぞれの論理の組み立て方法に応じた文章の書き方を、9課は資料の利用、10課は引用のしかた、11課はレポートの実例と作成のプロセスを示します。

3．指導内容

この教科書では次のような内容を取り上げます。

(1) アカデミック・ライティングに必要な基礎的な知識、技術

　　レポートにふさわしい文章の文体や表現、正確で明快な文の書き方、句読点・各種の記号の使い方、引用の形式など。

(2) 文章の構成の意識化

　　段落の構成の意識化、文章全体の構成の意識化など。

(3) 論理的な思考の組み立て方

　　定義などによる意味の明確化、論理的な思考の組み立て方、論理的な関係を示す文型や表現など。

(4) 資料の効果的な利用

　　資料の選び方、適切な使用、出典の示し方、引用の方法など。

(5) レポート作成の過程

　　話題の絞り込みから主題の決定までのプロセス、アウトラインの作成、論理を裏付けるための資料の活用など。

(6) 文章に対する評価・推敲能力の養成

　上の6点のうち、この教科書では、(1)の内容を第Ⅰ部で、(2)〜(5)の内容を第Ⅱ部で取り上げています。(6)については各課の文章例の批判的な読み方や課題作文の指導を通して行います。なお、(5)のレポートの作成の過程については、教科書の最後で扱っていますが、一般の科目では学年の初めからレポートを課すことがあります。その場合には、この教科書での提出順序に関わりなく、第9課の資料の利用、第10課の引用のしかた、そして第11課のレポート作成の手順を学生に参照させて下さい。

4．対象者、必要時間数

　大学入学直後の留学生で、日本語能力が中級後半以上の者を想定しています。必要時間数は1コマ90分として30コマ程度、一般の大学の週1回の授業で1年間で終了できるようになっています。課ごとの時間配分は第Ⅰ部が1コマ（2課のみ4コマ）、第Ⅱ部が1.5〜2.5コマ程度です。

5．課の学習の進め方

　第Ⅰ部は説明部分を学習したあと、練習を行います。

　第Ⅱ部はクラスでは以下のような流れで進めます。なお、作文の事前・事後の指導の時間を確保するために、文章例については予習を前提とします。

課の目的
・課の目的、学習項目を確認させる。

↓

読む前に
・文章例の内容についての背景知識を確認し、読む目的を意識させる。

・必要に応じて内容の補充をし、学生の興味、問題意識を喚起する。

↓

漢字・語句
・漢字は、原則として日本語能力試験N3レベル以上の漢字、語彙にフリガナをつけてある。

↓

・難しい語句はあらかじめ意味を説明する。

本文の読み
・段落ごとに読み、語句、表現について不明な点がないか確かめる。必要に応じて内容理解のための質問をする。

↓

・学生が文章を書く場合の参考となりそうな点に注目させる。

理解問題
・内容の理解を確認する。文章の展開や段落相互の関係についても理解させる。

↓

文型・表現
・用法を理解させる。

・記載の例以外に、各自で例文を作らせる。

↓

・余裕があれば、実際の文章での使用例を紹介する。

課　題
・書く前に、課題の内容・目的・条件を確認させる。

・書く前のブレインストーミングや考えをまとめる段階に十分時間をとる。宿題にする場合でも、書く前の準備はクラスで共通して行う。

・課題作文の評価は、論理的な考え方・文章構成に重点をおく。文法表現の誤りは、共通に現れたものをクラスで指導する。

・課題作文からお互いの参考になりそうな部分（よく書けているところ、学生に共通する問題が含まれているところなど）をクラスで紹介し学生の意欲を高めつつ、課の学習内容の定着を図る。

6. 作文課題

　教科書の第Ⅱ部では、それぞれの課の目的に応じて短い課題作文を書きます。学生は一般科目でのレポートもあるので、日本語学習での負担が重くならないように、課題の長さは400字〜600字程度の短いものにします。課題によっては、段落の数や各段落の内容について事前に指示してあるものもあります。また、作文の話題も指定したり、選択させたりするような形をとっています。これも作文の準備段階での学生の負担を軽減し、課題に集中できるようにという配慮からです。また、以下のような理由で前半の課題のいくつかは授業内に書かせることも必要です。つまり、学生が、①確認事項をその場で実践できる、②課題に集中できる、③教師の助言を受けられるなどです。

　学生がそれぞれの学科で課されるレポートを書けるようになるのがこの学習の目的なので、最終レポート的なものは求めません。それよりももっと実践的なこととして、「第11課レポートの作成」で、レポートを書く前の話題の絞り方、資料の集め方、そしてアウトラインの作成までを実際にやってみるという課題を与えています。特に問題の絞り込み、主題の決定、アウトラインの作成などには、学生自身の十分な検討と教師からのアドバイスが必要だからです。また、授業の進行状況によっては、「第11課　レポートの作成」を早めに参照させてもよいでしょう。

Ⅱ　第Ⅱ部の各課の説明

第1課　段落

1. 目的
　・段落のまとまりや段落相互の関係を考えながら文章を書くようにさせる。
　・論理的な文章にするために段落や文章全体の構造が重要であることを理解させる。

2. 学習のポイント
　・一つの段落は一つの内容で、段落内の中心文や支持文の関係を意識しながら書くようにする。
　・文章全体の構造および段落相互の関係を考えながら書く。

3. 留意事項
(1)　文章例①
　・中心文、支持文、まとめ文のそれぞれの役割に気づかせる。

(2) 文章例②

・段落ごとの内容のまとまり及び文章全体の構造に注目させる。段落内や文章の構造を意識することで、分かりやすく論理的な文章になることを理解させる。

(3) 練習

・それぞれの段落の内容を表す短い言葉を選ばせる。

・文中の内容の展開、接続表現などを手がかりに、段落の順序を考えさせる。

(4) 課題

・段落分けを意識しながら文章を書くようにさせる。

第2課　仕組みの説明

1. 目的

・仕組みについての分かりやすい説明の仕方を考えさせる。

・読み手の立場に立った説明の順序を理解させる。

2. 学習のポイント

・基本的な原理や全体の概要を述べた上で個々の説明へ進むというような、説明の効果的な順序を考える。

・文章例の内容について、項目立てを行い箇条書きで整理する。

3. 留意事項

(1) 文章例①

・装置の説明に必要な要素と、説明の順序に注目させる。

・キーワードを手がかりに装置の仕組みを簡単に説明する。

(2) 文章例②

・組織の説明から必要な項目を読み取りレジュメを完成する。

・レジュメを手がかりに、組織の仕組みについて口頭で説明する。

(3) 課題

・全体の概要から個々の説明へという、説明の順序に注意させる。

第3課　歴史的な経過

1. 目的

・事柄に視点を置き、概要に始まって時間的流れに沿って書く書き方を学習させる。

2. 学習のポイント

・概要を書く準備として、事柄の枠組みをつかむための５Ｗ１Ｈの疑問詞で始まる疑

問文を書き出す。その答えから重要なものを取り出し、順序を整えて概要を述べる。

・事柄に関わる出来事を時間的流れに従って眺め、意義ある事柄を取り出す。

・一連の流れから特徴のある変化のきっかけをつかんで、区切り・まとまりをつくる。

3．留意事項

(1) 文章例

・文章例は事柄が主体となっているので、自動詞や受身文が多く用いられていることに注意させる。

・「さっぽろ雪まつり」は固有名詞として雪のみを漢字で書くことを知らせる。

(2) 理解問題

・1）、2）は事柄の枠組みをつかむための自分への問いかけを習慣づける意図がある。

(3) 課題

・自分自身の日本語学習のこれまでの歴史を自分の言葉で書かせる。この段階では、文献などを参照せずに書ける課題にした。

・文章例は事柄主体であったが、今度は人物（動作主）主体の文になることに注意させる。

第4課　分類

1．目的

・論理的に考える一つの方法としての分類の重要性を理解させる。

・ある基準を定めて分類を行い、その結果を説明できるようにする。

2．学習のポイント

・目的に合わせて分類の基準を定め分類を行う。

・範疇を示す言葉を考える。

3．留意事項

(1) 文章例

・基準が異なると分類も異なってくることに気づかせる。

・各段落の冒頭にその段落の中心文が書かれていることに注目させる。

・冒頭で列挙した項目の一つ一つについて、「〜とは」「〜というのは」のような形で主題化して説明を行っていることにも注意させる。

・和語、漢語、外来語がそれぞれ多く使われている文章（論文、物語、広告など）を見せ、そのような語種の使い分けの理由についても考えさせる。

(2) 理解問題

・接続表現の問題では、 a、 b、 d、 e は項目を列挙するときの接続表現が使われるが、 c は段落の途中で補足を示す接続表現が入ることに注意させる。

(3) 課題

・課題の目的はランダムに挙げた事柄を実際に分類してみることにある。まずは思いつくことをできるだけ挙げ（ブレインストーミング）、関連するものをグループ化し、カテゴリーを表す言葉についても考えさせる。この過程で全体像や項目の重要性の違いも見えてくる。実際にレポートを書く場合にも、インターネットなどから安易に既製の文章を探すのではなく、まず漠然としたところから自分なりに事柄や考えを整理した上で書くようにさせたい。そのために、このような書くためのプロセスを体験させる必要がある。

・この課題はグループで取り組んだ方が多様な事柄を挙げられるし、学生が自分の視野を広げる機会にもなる。分担して文章を書くという経験もさせたい。

第5課　定義

1．目的

・レポートを書くとき、主題に関わる重要語について自分が明確な定義を持ち、それを読み手に伝える必要があることを理解させ、定義の書き方を学習させる。

2．学習のポイント

・定義する語や事柄がどのような範疇に入るか考える。

・同じ範疇に入る他の語や事柄との細部の違いを考える。

・事柄や現象などの定義の場合、語義の説明の後、具体例を示す。

3．留意事項

(1) 文章例

・大学生としては文章例②のようなレポートの中での重要語の定義づけが必要度が高いだろう。できれば、学生それぞれの専攻分野の論文から例を示せるとよい。

(2) 理解問題

・文章例③の理解問題では文章の構成に注目させる。

(3) 課題

・課題に出された事柄の定義を資料で調べるという事態が想定されるので、ここで「第9課資料の利用」のⅢの1、2を参照させる。また資料を参照したり、資料

から引用したりした場合は、「第10課レポートにおける引用」を参考にして引用について明記するように指導する。

第6課　比較・対照

1．目的
  ・比較・対照を行うことによって、それぞれの特徴がより明確に把握できることを理解させる。
  ・比較する場合には、共通点と相違点の両方が必要であること、また何に注目して比較するかという比較の観点が重要であることを理解させる。

2．学習のポイント
  ・比較の観点を明らかにして比較を行う。
  ・複数の事柄について比較の観点ごとに相違点を表に書き出し整理する。
  ・人物の性格の違いについて書かれた文章から、対照的な点を取り出す。

3．留意事項
(1)　文章例①
  ・比較の観点を挙げ、観点ごとに比較の表に整理する。それぞれの材質について、本文の説明にこだわらず、自由に自分の考えを書くようにさせる。
  ・さまざまな観点から比較することによって、事柄の特徴がより明確になることを理解させる。

(2)　文章例②
  ・違いに注目して対照的な点を取り出す。

(3)　課題
  ・表面的な比較に終わらないように、はじめにできるだけ多くの要素を書き出し、それをもとにクラスでも話し合う。そしてその中から重要なものを表に整理する。その上で、文章全体の展開を考えながらまとめる。

第7課　因果関係

1．目的
  ・ある事柄の原因や、予想される結果などを、短絡的にならず論理的に説明する文章の書き方を学習させる。

2．学習のポイント

・原因・結果を探る際は、まず考えられる事柄をできるだけ挙げてみる。

・その中から論理に適い、重要だと思われるものに絞り込んでいく。

・そうして得た事柄を論理の飛躍なくつなげて結論を引き出す。

3．留意事項

(1) 文章例

・文章例は、全国的に行われるようになった漁業者の植樹運動を概観し現状を紹介する部分と、運動主体者へのインタビュー記事からの長い引用部分とから成っていることに注意させる。

・ある原因がもたらした結果が、また新たな原因となって次の結果を生むという因果関係の連鎖現象を理解させる。

(2) 理解問題

・原因、結果の連鎖現象を一つの文にだらだらとつなげて書く学生が多いので、一つの原因と結果を一つの文にして順を追って説明させる。

(3) 課題

・まず、少子化の原因および結果を各自で書き出させ、クラスで話し合ったあと、それぞれが重要と考えるものを選んで文章を書く。

第8課　意見と根拠

1．目的

・意見・主張を述べる文章では、自分の立場を明確にした上で意見を述べ、事実や具体例を示して読み手が客観的に見て納得できる根拠を示す必要があることを理解させる。

2．学習のポイント

・事柄を伝える記事、他の人が個人の見解を述べている文章などをそのまま事実として受け入れることなく、常に批判的に読むようにする。

・自分の主張、その根拠などについても、その客観性を省みるようにする。

3．留意事項

(1) 文章例

・文章例には、Ⅲの意見文に使われる文型・表現がすべて使われているので、読んだあとで、それぞれがどのように実際に文の中で使われているか注目させてもよい。

(2) 課題

・自国との違いに戸惑った事柄の例をいくつか挙げているが、クラスの中でいろいろ挙げさせて板書する。その中から選んでもいいし、自分独自のもので取り組んでもよい。

第9課　資料の利用

1．目的

・具体的な資料を示すことによって説得力のある文章になることを理解させる。

・レポートで使用する資料の種類やその探し方について理解させるとともに、資料を注意深くかつ批判的に扱う態度を養う。

・統計や調査結果などで自分が注目する点を探し、それについて分かりやすく説明できるようにする。

2．学習のポイント

・数値を使った具体的な説明の効果を理解する。

・適切な資料の選び方や資料に対する批判的な見方を学ぶ。

・統計やアンケート調査などの数値や図表について説明する。

3．留意事項

(1) 資料の利用に関して

・外部の調査結果を引用したり自身の調査結果について説明したりする場合、調査方法についても明記する必要があることを確認する。

・資料の価値や信頼性をチェックするポイントを理解し、実際のレポート作成においても適切な資料を自分で選べるようにする。

・文章例の出典にも注目させ、資料を使ったら必ず出典を示すということを意識させる。参考文献リストの書き方は次の第10課で示す。

(2) 文型・表現

・時間に余裕があれば、学生に興味のある話題での調査結果の数値や図表の説明部分を教材として取り上げ、そこに使われている文型や表現を調べさせる。

・「～に満たない」「～に及ぶ」など、それぞれの表現に含まれる主観的な意味合いにも注意させ、自分の文章の中で適切に使い分けられるようにさせる。

(3) 課題

・ここではインターネット利用時間に関する調査結果を取り上げたが、時間に余裕があれば、学生の興味のある話題での実際の調査結果を使う、または学生自身に興味のある調査を探させその内容を説明させるなどの活動に発展させたい。

第10課　レポートにおける引用

　新訂版でこの課を新たに加えました。学習者にとって引用は高い読解力や文法力が求められる複雑な作業です。適切な引用を行うためには、原文を正確に理解した上で、レポートの目的に合わせて引用部分を特定しなければなりません。そして直接引用の場合は文章からの最小限の的確な切り取り、間接引用の場合はパラフレーズや要約などの操作が必要になります。さらにどちらの場合も、引用部分とその前後が文法的にも意味的にも適切につながるように書かなければなりません。引用がそうしたさまざまな課題を含む複雑な作業であることを十分考慮し、学生の実情に合わせて指導する必要があります。

1．目的
・レポートにおける引用の実際や引用のプロセスについて理解する。
・資料の出典の提示方法を理解し、レポートの中で適切に示せるようにする。

2．学習のポイント
・さまざまな引用の方法があることを理解する。
・引用部分が文章にどのように組み込まれているかを観察し、引用の実際のプロセスについて理解する。
・要約の手順を学び、他者の書いたものを簡潔に紹介する文章を書く。
・文中での出典の示し方や、参考文献リストの書き方を理解する。

3．留意事項
⑴　引用方法や文章への組み込み方
・Ⅲの2のそれぞれの引用例では、太字で示した原文の部分に注目し、どの部分を取り出しどのようにレポートの文章に組み込んでいるか、また、どのように簡潔な引用に書き換えているかを観察する。
・Ⅲの3の要約の例では、引用を導入する文や引用後のコメントを加えて引用部分を自分の文章に組み込んでいることに注目させる。

⑵　参考文献リストの書き方
・教科書には一般的な書き方の例を示したが、学生の専門分野が決まっている場合は、その分野の論文の参考文献リストを持参させ、そこでの書き方（記載の順序、「　」などの記号の有無など）を確認する。
・練習1、2では、参考文献リストの作成を想定して、Ⅳの2の書き方の例を参考に、本の奥付やインターネット記事の画面からリストに書くべき情報を取り出させる。この練習1の応用として、学生の手元にある教科書や書籍の奥付を探させ、

その奥付の情報から文献リストを作成させるとよい。

（3）課題

・資料から要約したものを自分の文章の中に組み込む練習として、「資料の提示」＋「要約引用」＋「自分の意見」という基本的な構造で新聞の投書の紹介文を書く。また、文末に出典をつけることにも注意させる。

・題材とする投書は、学生が理解しやすいものを教師の方で選び、内容の理解を確認した上で要約させる。または、教師がいくつか候補を用意しその中から学生に選ばせてもよい。どちらの場合も漢字の読みがなや難しい語句の説明をつけて、読解に時間をかけすぎないようにしたい。

第11課　レポートの作成

１．目的

・レポートのタイプや基本的な構成、評価の観点などについて理解させる。

・レポート作成のプロセスを理解させ、自分のレポート作成に応用できるようにする。

２．学習のポイント

・レポートのタイプの違いや、レポートの基本的な構成について理解する。

・レポート作成においては、自分の疑問や問題意識から始めることが重要であることを理解する。

・各自の選んだテーマで、一つの話題からテーマを絞り込みアウトラインを作成するまでのプロセスを体験する。

・レポート例を題材にして、レポートの構成、各部分の役割、レポートの文体や表現、図表の提示や説明、資料の引用や参考文献の記載のしかたなど、この教科書でこれまで学習したことを確認する。

３．留意事項

１）レポートについての理解

・教科書の説明をもとに、学生がこれまで書いたレポートのタイプや目的、難しかった点などについて話し合う。教師側も、学生がどのようなレポートを書く必要があるのか、どんな問題に直面しているかを把握する。

２）レポート作成のプロセス

・できれば学生がこれまでに書いたレポートを持参させ、プロセスの最後の「原稿の見直し」に示したポイントを手がかりに、自分で見直させる。

３）課題

　・仮のアウトラインの作成までを実際に体験することによって、レポートを書く前にやるべき作業や準備段階の重要性を理解させる。

４）レポート例

　・レポートの体裁、序論・本論・結論の各部分の役割、参考文献や図表の示し方などに着目して観察し、レポートの書き方について理解を深める。

　・レポート例には、定義、分類、比較、経過、意見など論理的な文章のさまざまな要素が含まれている。また、論理的な文章の文体や表現の実例にもなっている。学生のレベルによっては、教科書に入る前にアカデミック・ライティングのイメージを持たせる目的でも使える。

　・専門分野のレポートや論文を書く必要のある学生の場合は、各自の専門分野のレポートや論文を持参させ、その分野での論文の体裁や参考文献の書き方などを観察させ、それぞれの分野の特徴を理解させるようにする。

練習問題・理解問題の解答

第Ⅰ部

第1課

練習1　①する　②かった　③なのである／なのだ　④いる　⑤であろう／だろう　⑥なかった　⑦みよう　⑧考えられる　⑨ほしい／もらいたい

練習2　①<u>出ています</u>→出ている　②<u>でも</u>→しかし　③<u>多いんじゃないでしょうか</u>→多いのではないだろうか　④<u>いっぱい</u>→多く　⑤<u>思うけど</u>→思うが　⑥<u>安全だって思ってませんか</u>→安全だと思っていないか　⑦<u>あるんです</u>→あるのだ／あるのである　⑧<u>なったかっていうと</u>→なったかというと　⑨<u>寝ちゃって</u>→寝てしまい　⑩<u>とか</u>→や　⑪<u>多いっていいます</u>→多いという　⑫<u>でしょう</u>→だろう／であろう　⑬<u>です</u>→である　⑭<u>気をつけましょう</u>→気をつけよう

第2課

❶練習1　①された　②した　③した

　練習2　1）d　2）発足（した）／　入団（し）ており／　期待（されて）いる

　練習3　《したり・されたり》　《したり・されたり》　〈寄せて・寄せられて〉　〈もって・もたれて〉　《作ったり・作られたり》　《買ったり・買われたり》　《払う・払われる〉　《作ったり・作られたり》　《買ったり・買われたり〉　《使ったり・使われたり〉

❷練習　①（は）（が）　②（は）（が）　③（は）（が）（が）　④（が）（は）　⑤（は）（が）　⑥（は）（が）　⑦（は）（が）　⑧（が）（は）（は）

❸練習1

　①a．A社の経営が悪化していたことを多くの社員は知らなかった。

　　b．A社の経営の悪化を多くの社員は知らなかった。

　②a．円高により輸出が減ったことがA社の倒産の原因である。

　　b．円高による輸出の減少がA社の倒産の原因である。

　③a．A社の負債がどのくらいあるのか、現在調査中である。

　　b．A社の負債額は現在調査中である。

練習２　①事業の大規模な拡大　②食堂のメニューの改善

　　　　　③大学からの合格（の）通知　④自宅への荷物の発送

練習３　①f　②h　③e　④j　⑤b

❹練習１　【解答例】

　　a．知らない人に個人情報を知らせないことである。

　　b．日本語学校の授業には講義を聞くだけのものはほとんどないが、大学ではそれが多いということである。

　　c．二人とも運動が苦手なことである。

練習２　【解答例】

　　①今朝、混んだバスにバックパックを背負った人が乗ってきて、バックパックを背負ったままスマホを操作していたので、後ろの人が迷惑をしていた。バックパックは前で抱えたほうがいい。

　　②私は高校を卒業してから会社に入って、経理の仕事をしていた。その後日本語を勉強して通訳になろうと思い、日本に留学した。今、私は大学の文化学部で勉強している。

第３課

練習１　【解答例】

　　①友だちが日本に来て、いっしょに旅行をした。とても楽しかった。

　　②この大学の図書館は広くて、24時間使える学習室もある。それに司書の人も親切だ。だから、私は図書館をできるだけ使うようにしている。

　　③家の近くの商店街でバーゲンセールが始まり、前からほしかったスニーカーが3割引になった。でも、旅行に行ったばかりでお金が足りない。それで、スニーカーはあきらめた。

練習２

　　①母親は楽しそうに、踊っている子どもたちを見ていた。

　　　（「母親は踊っている子どもたちを楽しそうにみていた」だと「、」がなくても上の意味になる。）

　　②私は、パーティーの最中に大統領が暗殺されたというニュースを聞いた。

　　③私は雨にぬれながら、目の前を走るマラソン選手たちに声援を送った。

練習3 【解答例】

　日本では2018年10月現在、約146万人の外国人労働者が働いているという。外国人労働者は、工場や農村だけではなく、サービス業や福祉の分野でも貴重な労働力となっている。しかし、外国人労働者の多くは就労・医療・教育・住宅などの面で様々な困難に直面している。

第4課

練習 【解答例】

		「	発	電	床	」	の	上	を	体	重	60	キ	ロ	の	人	が	歩	く	と、
2	歩	で	0.1	～	0.3	ワ	ッ	ト	の	発	電	が	可	能	だ	と	い		
う	。	そ	の	電	気	で	L	E	D	の	フ	ッ	ト	ラ	イ	ト	を	つ	け
て	足	も	と	を	照	ら	す	こ	と	が	で	き	る	。					

第5課　練習問題の解答例は省略

第Ⅱ部

第1課

Ⅱ　文章例①　4．理解問題

1）a．中心文（　ア　）b．支持文（イ、ウ、エ）c．まとめ文（　オ　）

2）（2）→（1）→（3）→（4）

Ⅲ　文章例②　3．理解問題

1）b．Ｓさんは、もう10年以上も外国人に日本語を教えるボランティアを続けている。

　　d．その一つは、自分自身の仕事や生活とボランティア活動とのバランスをきちんととることである。

　　e．もう一つは、できるだけお金をかけないということである。

2）【解答例】ボランティア活動を継続させる秘訣

練習

1）a［エ］　b［ア］　c［オ］　d［イ］　e［ウ］

2）(a) → (d) → (b) → (c) → (e)

3）省略

第2課

Ⅱ　文章例①　3．理解問題　【解答例】

1）省略

2）[コンピューター・デバイス・光・振動・色]

3）音楽をコンピューターで解析して、球体のデバイスを通して音の大きさを光の強さと振動、音の高さを色で表現する。デバイスを抱えると音楽を体や目で感じることができる。

Ⅲ　文章例②　3．理解問題

1）（○）、（×）、（×）、（×）

2）【解答例】（下線部分と［　　］）

　1．設置の目的　<u>外国人市民の意見を行政や議会に直接反映させること</u>

　2．市政への反映方法　<u>会議の結果を市長に報告し、市長から議会に報告する</u>

　3．代表者会議の進め方

　　　使用言語　［日本語］

　4．代表者の条件

　　　<u>　川崎市に1年以上住む18歳以上の外国人　</u>

　5．代表者の［定　員］　26人

　6．代表者の［任　期］　2年間

　7．代表者の［選　考］　応募者の中から識者による委員会で選ぶ

第3課

Ⅱ　文章例　3．理解問題　【解答例】

1）・どこで行われるまつりか。　　　・いつ行われるのか。

　　・何がまつりの中心か。　　　　　・どんな人たちがこのまつりを見に来るか。

　　・どんな団体によって主催されるか。

2）第2段落　いつ、どのようにして始まったか。

　　第3段落　どんなことによって、どんな変化があったか。

　　第4段落　何がきっかけで世界に知られ、またどんな変化があったか。

　　第5段落　市民はどのような形で参加しているか。

　　第6段落　70年の歴史を振り返って、雪まつりはどのように評価できるか／

　　　　　　　雪まつりにはどのような意味があるか。

第4課

Ⅱ　文章例　3．理解問題

1）【解答例】　a（まず）　b（次に）　c（なお／ただし）　d（それから）

　　　　　　　e（最後に）

2）①（a）　②（f）　③（b）　④（e）　⑤（d）　⑥（c）

3）【解答例】

種類	それぞれについての説明	自分で考えた例
和語	古来からの日本語を指し、大和言葉とも言う。日常生活での基本語や、文法的な機能を表す語に使われる。	はは（母）、やま（山）、て（手）
漢語	一つ以上の漢字から成る語で、字音語とも言う。大部分は中国語から取り入れた語であるが、日本で作られた語もある。	会話、運動、学位
外来語	主として西欧から入ってきた語で、カタカナで表記される。文化の摂取と共に入り、現在も増え続けている。	スポーツ、ピアノ、ナイフ
混種語	和語・漢語・外来語などを組み合わせて作られた語である。	歯ブラシ、自動ドア、スケートぐつ

第5課

Ⅱ　文章例①　3．理解問題　【解答例】

1）

定義される語／事柄	分類の範疇	詳しい説明
長方形	四角形	四つの角がすべて直角で、向かい合う辺の長さが等しい。
電子書籍	書籍	電子化・デジタル化されていて、スマホやタブレットなどで読むことができる。

2）

定義される語／事柄	分類の範疇	詳しい説明
エスカレーター	人を運ぶ装置	階段が動いて階上にのぼったり、階下に降りたりして人を運ぶ。
サングラス	めがね	紫外線から目を守るためにかけるもので、普通はレンズに色がついている。

3）正方形とは四つの角が直角で、四つの辺の長さが等しい四角形である。

Ⅲ　文章例②　3．理解問題

1）（×）（〇）（×）（〇）（〇）

2）〔地域差〕

3）道具とは、ある目的達成のために使用される身体以外の物体である。そして、道具を使用する行動は、社会の中で経験を通じて獲得され、世代を越えて伝播する。

Ⅳ　文章例③　3．理解問題　【解答例】

第2段落（具体例）　第3段落（国や市民に求められること）

第6課

Ⅱ 文章例① 3．理解問題 【解答例】

1)

材質 比較の観点	プラスチック	紙	木
環境への影響	環境に良くない	環境への影響は少ない	間伐材の場合、環境によい
使いやすさ	使いやすい	使いにくい	使いやすい
経済性	値段が安い	値段が比較的安い	値段が高い

材質：「竹」「ステンレス」「ガラス」「パスタ」など

比較の観点：「耐久性」「加工のしやすさ」「触感」「デザイン性（見た目）」など

Ⅲ 文章例② 3．理解問題 【解答例】

1)　　　父　　　　　　　　　　　　母

[特別な趣味はない　　　　]／[趣味が多い　　　　　　　]

[無口　　　　　　　　　　]／[話し好き　　　　　　　　]

[人とあまり付き合いがない]／[社交的で友だちが多い　　]

[無駄なものを買わない　　]／[勧められると買ってしまう]など

2)、3)の解答例は省略

第7課

Ⅱ 文章例 3．理解問題 【解答例】

1)豊かな森に覆われていた。

2)2．森が丸坊主になったため、雨が降るたびに土砂が海に流れ込んだ。

　3．流れ込んだ土砂により海藻が枯れた。

　4．海藻が枯れると、それを餌とするウニなどの浅海資源が減少した。

3)・森が海の波風をやわらげ、水温を安定させるので、魚が多く集まり、繁殖を盛んにするからである。

　・食物連鎖のいちばん底辺となる植物プランクトンの栄養源が海に運ばれるからである。

第8課　理解問題の解答例は省略

第9課

Ⅲ　資料の探し方

練習1

調査目的（労働、職業選択、自分の将来などについての若者の考え方を調べること）

調査時期（2017年10月～11月）　　　　　　　　調査主体（内閣府）

対象者（全国の16歳から29歳までの男女1万人以上）調査方法（インターネット調査）

有効回答数（12,512）　　　　　　　　　　　　有効回答率（99.1％）

練習2　【解答例】

・調査方法が書かれていないので、なぜその金額が出てきたのか根拠が分からない。

・誰を対象にどのくらいの人数について調査したデータか分からない。

・結婚式場を利用しない人もいるので、この数字だけでは日本人の結婚式の実態を
　表しているとは言えない。など

Ⅳ　文章例③　3．理解問題

1）調査日（2019年3月16日～17日）調査主体（朝日新聞社）

　　対象者（全国の有権者）　　　　調査方法（RDD方式の電話調査）

　　有効回答数（1544人）　　　　　有効回答率（固定電話44％、携帯電話42％）

2）、3）の解答例は省略

第10課

練習1

庵功雄（2012）『新しい日本語学入門　ことばのしくみを考える　第2版』スリーエー
ネットワーク

＊タイトルに「第2版」と入っているので、この場合は第2版の出版年を記載する。

練習2

解答例は省略